# 집 없는
# 서민의 주거권

### 1789년부터 현재까지
### 프랑스 사회주택의 역사

# 집 없는
# 서민의 주거권

### 1789년부터 현재까지
### 프랑스 사회주택의 역사

장-마르크 스테베 Jean-Marc Stébé 지음

강대훈 옮김

**황소걸음**
Slow&Steady

# 일러두기

1. 단행본과 잡지는 《 》로, 논문과 신문은 〈 〉로 표기했습니다.
2. 국내에 번역·출간된 단행본이나 논문은 번역 제목에 원제를 병기하고, 출간되지 않은 단행본이나 논문은 원제에 번역 제목을 병기했습니다.
3. 지은이 주는 각주[1]로, 옮긴이 주는 각주*로 처리했습니다.
4. 이 책은 2019년에 발행된 8판을 번역했습니다.
5. 이 책에는 어지러울 정도로 많은 법안과 정책, 사업과 기관명이 등장합니다. '사회주택'이라는 용어도 시대나 정치 상황에 따라 그 명칭이 여러 번 바뀌었고, 지은이도 여러 용어를 두루 섞어 씁니다. 이 책에서는 '사회주택'이라는 명칭이 정착된 1970년대 이전의 사회적 공동주택을 대부분 서민주택, 그 건설과 운영을 담당한 기관을 서민주택국(사회주택국)으로 옮겼습니다. 두 역어를 선택한 이유를 짧게 설명합니다.

   원서에 따르면 19세기부터 건설된 사회주택의 초기 형태는 노동자 계층을 위한 저가주택(habitation à bon marché, HBM)입니다. 그러나 이 책에서는 19세기 상황을 설명한 몇 군데를 제외하고 저가주택이나 저가임대주택(habitations à loyer modéré, HLM)을 '서민주택'으로 옮겼습니다. 현대로 오면서 사회주택 입주민이 단순히 노동자·저소득 계층뿐만 아니라 중산층을 포괄하게 됐고, 저가주택 자체가 사회주택의 전신으로 '노동자·저소득·서민 계층을 위한 주택'이어서 그 뜻을 살리는 게 낫다고 판단했기 때문입니다.

책 제목에 포함된 '서민'은 역사적으로 사회주택 입주 대상이던 여러 집단을 아우릅니다. 지은이도 노동자 계층(classe ouvriere, classes laborieuses), 평민·서민 계층(classe populaire), 인민·대중·민중(peuple), 저소득계층(classe defavorise), 중산층(classe moyenne), 빈곤 가구(familles tres demunies) 등 다양한 용어를 섞어 씁니다. 이 책에서는 인민이나 민중은 이념적 뉘앙스 때문에, 노동자·저소득계층은 사회주택 입주 대상이 그보다 훨씬 폭넓기 때문에, 백성·평민·대중 '주택'이란 단어와 어울림이나 의미적 정확성 때문에 선택하지 않았습니다.

　끝으로 이 책에서는 사회주택 건설과 관리를 담당하는 기관에 '국'을 붙였습니다. 사회주택관리단체나 사회주택협회도 무난한 역어지만, 이런 단체가 처음에 개별 지자체 산하 공공 부서로 창설됐다는 점, 지금도 국가의 엄격한 심사와 관리, 재정 지원 대상이라 공적 성격이 강한 단체라는 점에서 전부 '국'이라 칭했습니다.

## 한국 서민의 주거 문제 논의에 참고가 되기를

한국은 프랑스에서 냉전과 남북 분단으로 잘 알려져 있습니다. 그러나 지금은 프랑스와 서구의 사회과학 연구자에게 경제, 정치, 문화 모든 면에서 대단히 흥미로운 연구 대상이 된 듯합니다. 경제적으로는 불과 50년 사이에 전 세계 최빈국에서 세계 10위권(2021년)에 드는 경제 대국이 됐습니다. 1997년과 2008년 경제 위기를 훌륭히 극복하더니, 최근에는 코로나19 방역에서도 인상적인 대응을 보였습니다. 한국 경제성장의 수수께끼는 국가 중심 자본주의와 삼성이나 현대, 대우 같은 재벌을 기반으로 한 '한국식 경제모델'이 세계 시장경제의 파괴적 영향을 어떻게 성공적으로 억제하며 부유한 사회를 만들 수 있었는가 하는 점입니다.

한국은 정치적으로도 1987년 민주화 항쟁과 보통선거를 통해 민주주의가 안착했고, 타이완과 함께 경제성장이 민주주의 확산에 이바지한 거의 유일한 나라입니다. 문화적으로는 현재 세계적 인기를 끄는 K-팝과 한국 드라마 열풍의 진원지며, 최근에 넷플릭스 드라마 〈오징어 게임〉이 큰 성공을 거뒀습니다. 한류 열풍은 해외에 자국의 문화·예술 산업을 적극적으로 홍보한 한국 정부의 노력, 한국의 스타 양성 시스템, 대단히 역동적인 팬 문화 덕분이라고 알려져 있습니다.

경제성장의 기적, 민주주의 안착, 한류 열풍은 한국의 분명한 성과입니다. 그러나 이면을 들여다보면 중국과 일본, 러시아 사이에 '낀' 인구 5200만 명인 나라에서 살아가는 일이 그리 녹록지 않아 보입니다. 예를 들어 봉준호 감독의 영화 〈기생충〉에서 실직 상태인 기택(송강호) 가족은 '반지하'라 불리는 누추한 주택에서 살아남기 위해 피자 조각을 씹어 먹습니다. 이 영화적 허구는 현재 한국의 도시 현실을 정직하게 반영합니다. 니콜라 로카Nicolas Rocca[1]는 이 장면에서 한국 사회에 깊이 도사린 불

---

1  "Hausse des prix, corruption, aggravation des inégalités. La Corée du Sud, la crise immobilière à tous les étages", in *Le Monde diplomatique,* février 2022, pp. 10~11.

평등과 사회계층 간 단절을 읽고, 어떤 이들은 고삐 풀린 신자유주의의 부작용을 봅니다. 그렇지만 모두 공통적으로 지적하는 바는 한국의 가계 부채 비율이 걱정스러울 만큼 높고, 이는 대개 천정부지로 뛰어버린 부동산 가격과 관련이 있다는 사실입니다.

국토 면적이 프랑스의 약 1/6인 한국은 부유함과 생계 불안정이 공존하는 나라입니다. 번쩍이는 마천루와 명품 매장이 들어찬 화려한 쇼핑센터 옆에, 거리에서 장사하는 행상인과 좁은 식당이 줄지어 있습니다. 경제협력개발기구OECD 보고서에 따르면, 한국의 만성화된 가계 부채는 코로나19 발발 후 2년간 더 악화했습니다. 정부가 노래방이나 식당, 바 등의 운영을 금지한 뒤, 감소한 소득 수입이 고스란히 소상공인 가정에게 부담이 됐기 때문입니다.[2]

국민대학교 사회학과 최항섭 교수를 포함한 여러 평자는 한국인이 많이 소비하기 위해서 지나치게 일하고, 급여가 충분치 않을 때는 서슴없이 대출에 의지한다고 지적합니다.[3] 이런 소비주의적 성향도 가계 부채 증가에

---

2　　Notons que près d'un quart de la population ayant un emploi travaille à son compte, in "Self-eployment rate", OECD, 2020.

3　　Nicolas Rocca, *Ibid*.

영향을 끼쳤겠지만, 수많은 가정의 삶의 질 저하에 결정적 영향을 준 것은 부동산 가격 폭등입니다. 현재 한국 인구 5200만 명 가운데 절반은 서울, 경기, 인천에 거주합니다. 수도권의 권역이 그만큼 거대하다는 방증입니다. 이런 수도권 인구 밀집 역시 의심할 여지없이 서민의 주택 마련을 힘들게 하는 요소입니다.

몇몇 도시문제 전문가는 사회주택 건설이 집값 폭등을 억제하고 부동산 시장을 안정화하는 데 도움이 된다고 주장합니다. 문재인 전 대통령은 2017년 취임 후, 사회임대주택 200만 채 건설을 약속했습니다. 윤석열 대통령은 임대주택 250만 채 건설, 부동산세 대폭 완화를 공약했습니다.

단기간에 산업화와 경제성장, 탈脫농촌과 도시화를 이룬 많은 나라가 그렇듯이, 한국은 높은 가계 부채와 주택 부족 외에 가족적·사회적 유대의 약화도 겪고 있습니다. 도시적 삶의 외로움과 업무 스트레스, 그에 따른 우울증과 각종 중독 현상, 높은 자살률은 오늘날 한국 사회의 특징입니다. 서울뿐만 아니라 여러 대도시에서 똑같이 발견되는 문제입니다.

한국의 도시화는 프랑스보다 훨씬 빠르게 진행됐으며, 특히 1965~1985년에 집중됐습니다. 이 20년 사이에 전주, 부산, 인천, 광주를 비롯한 주요 대도시 인구는 연간 5% 증가율을 보였습니다.[4] 현재 한국의 도시화율은 90%가 넘습니다. 특히 서울은 최소한 1990년대까지 '인구를 빨아들이는 진공청소기'[5]였고, 1970~1979년에는 시골과 지방에서 300만 명 가까운 인구가 상경했습니다.

이렇게 한국도 1960년대부터 여러 가지 도시문제를 겪기 시작했습니다. 교통수단 부족과 환경오염, 각종 주거 문제(주택의 부족과 노후화, 열악하고 비위생적인 주택 내부 시설, 과밀 주거 등)는 서울에서 두드러졌지만, 지방 대도시도 상황은 다르지 않았습니다. 한국 정부는 어쩔 수 없이 전국에 대규모 아파트 단지를 건설합니다. 1960년대에 시작한 이 정책은 1970년대 말부터 가속합니다.

아파트 단지 조성은 무엇보다 도시지역 주택 부족 현상을 타개하기 위한 정책이었습니다. 그래서 한정된 주거 공간에 많은 인원을 수용할 수 있도록 고층 아파트 단지를 밀집 개발했습니다. 어떤 이들은 이 아파트 단지를 이 책에서 자세히 소개한 프랑스의 '복합 단지형' 사

---

4   Valérie Gelézeau, *Séoul, ville géante, cités radieuses*, Paris, CNRS Éditions, 2013, chap. 4, pp. 137~175.

5   V. Gelézeau, *Ibid.*

회임대주택에 빗대기도 합니다. 이 비교는 프랑스 사회
주택의 정의(공공 재원을 지원받아 저소득층을 입주시
킬 목적으로 지은 주택)를 떠올리면 온당치 않습니다.[6]
이 정의에 따르면, 한국 정부가 1960년대 저소득층을
위해 서울에 처음 조성한 아파트 단지(실내 약 60m² 규
모) 정도가 프랑스 사회주택과 유사합니다. 도시학자이
자 지리학자 발레리 줄레조Valérie Gelézeau는 한국의 아파트
단지에 대해 다음과 같이 지적합니다. "한국의 '공공 주
택'은 분명 '사회주택'의 형태를 띠지만 아직 한국에 '사
회주택'이란 용어는 없으며, logement social(프랑스 사
회주택)의 번역어인 '사회주택' '사회복지주택'은 여전히
널리 통용되지 않는다."[7]

  1970년대부터 한국의 아파트는 내 집 마련이 가능한
중산층 이상을 위한 주택으로 자리 잡았습니다. 아파트
단지는 모더니티와 서구 문화의 상징이었고, 한국인은
아파트를 한옥보다 훨씬 현대적이며 세련된 주거지로

---

6  한국의 아파트 단지와 프랑스 사회주택 복합 단지는 단기간에 엄청난 물량
   을 건설한 것을 공통점으로 들 수 있을지 모른다. 한국은 3~4공화국 시기
   인 1972~1981년에 아파트 200만 채를 지었고, 프랑스는 1959~1969년 우선
   적도시화추진지구(zone à urbaniser en priorité, ZUP)에 사회주택 220만 채를
   건설했다.

7  V. Gelézeau, *Séoul, ville géante, cités radieuses*, chap. 4, *op. cit.*, p. 161.

인식했습니다. 프랑스의 '복합 단지'와 달리, 한국의 아파트 단지는 주변에서 거의 모든 서비스를 누릴 수 있는 반半자족적 공간입니다. 관리 사무소는 물론 수영장, 농구장, 유치원, 경로당, 슈퍼마켓, 어린이 놀이터 등 다양한 시설이 아파트 단지 내에 있고, 훌륭한 교통망 덕에 접근성도 좋습니다. 따라서 한국의 아파트는 근교에 위치해도 도심이나 기타 도시 공간의 편의에서 소외되지 않습니다.

끝으로 봉인식 박사는 한국의 도시계획을 다룬 논문[8]에서 아파트 단지 건설이 부동산 투기와 깊이 맞물려 있음을 지적합니다. 주택 가격과 취득 요건을 규제해 서민층 주택 공급을 보장하겠다는 정부의 의지에도, 목표와 달리 집값 폭등 현상이 나타났다는 겁니다.

지금까지 프랑스 '복합 단지'와 한국 아파트 단지의 위상은 거의 정반대로 변화해왔습니다. 오늘날 한국에서 아파트 거주는 일종의 사회적·경제적 지위 상승을 의

---

8　In-Shik Ponk, *La fabrication et la gestion des grands ensembles. Approche comparée des pratiques d'édification et de requalification des grands ensembles en France et en Corée du Sud,* Thèse de doctorat en aménagement et urbanisme sous la direction de Monique Zimmermann, Lyon, INSA, 2003.

미하지만, 프랑스에서 '복합 단지' 거주는 기피와 수치의 대상입니다. 한국의 아파트 거주 가구는 주택 소유주지만, 프랑스 복합 단지 거주자는 대부분 세입자라는 차이도 있습니다.

2022년 8월
뇌이쉬르센Neuilly-sur-Seine에서
장–마르크 스테베

## 사회주택, 프랑스 사회의 '뜨거운 감자'

　프랑스에서 흔히 저가임대주택habitations à loyer modéré, HLM
으로 불리는 사회주택은 늘 사회적 논쟁의 중심에 있다.
교외 사회주택 단지 재개발이든, 숱한 지자체장이 자기
지역구에 사회주택을 건설할 때 표현하는 우려나 망설
임이든 사회주택은 언제나 지역사회의 관심거리가 된
다. 주기적으로 정치인의 열띤 반응을 이끌고, 사회과
학 연구자의 격렬한 논쟁을 낳기도 한다. 사람들이 사회
주택 문제에 무관심하기 힘든 까닭은 거기에 저소득 빈
곤층의 삶이 달렸기 때문이다. 역사적으로 빈곤층의 주
거권은 늘 민감한 이슈였다. 19세기 프랑스에서 저가임
대주택의 전신인 저가주택habitations à bon marché, HBM 도입을
둘러싸고 벌어진 격한 논쟁의 중심에는 다음 질문이 있

었다. 민간 개발 업자는 관심 없는 노동자 가구의 주택 문제에 국가가 개입해야 하는가? 노동자 계층을 집세가 저렴한 공동 주거 단지에 수용하면 폭동이 일어나지 않을까? 노동자 계층과 위험한 계층을 다룬 숱한 문헌도 두 질문에 천착했다. 이 문제의식은 지금도 긴요한데, 무엇보다 열악한 주택이 여전히 사라지지 않았기 때문이다. 예를 들어 인구 과밀 주택에서 일어나는 화재, '악덕 집주인'이 세놓는 끔찍한 방, 원룸식 호텔, 불법 주택, 캠핑카, 판자촌을 보라. 이런 집은 이제 불법체류인만의 거처가 아니다. 수많은 합법적 이민자 가정은 물론, 국가보조금에 의지하거나 임시직, 청소나 단순 관리직에 종사하는 프랑스 저소득 가정의 문제이기도 하다. 다시 말해 이 상황은 오늘날 프랑스에서 임대료가 적절한 주택 물량이 부족하다는 방증이다.

공식 발표에 따르면 프랑스 정부는 2000년 이후 저소득 가구를 위한 주택 공급에 공들였다. 국가 예산으로 건설한 사회주택은 2000년 4만 2000채에서 2010년 13만 1500채로 늘었다.* 이 수치는 2011년부터 소폭 감소하

---

* 여기에서 사회주택 한 채는 방과 화장실, 욕실, 거실 등을 갖춘, 한 가구 (1인 가구 포함)가 입주할 공간을 말한다. 수백 가구 이상이 사는 대형 주거 단지에는 사회주택이 수백 채 있는 셈이다.

다가 그 후 11만 채 정도가 유지된다. 2011년 11만 1500 채, 2013년 11만 4000채, 2017년 11만 3000채, 2018년 10만 9000채를 국가가 지원해서 지었다.[9]

현실은 조금 다르다. 이 수치는 실제 완공한 주택이 아니라 국가가 건축을 승인한 주택이다.[10] 사회주택 운영주가 실제 '공사에 착수한' 사례는 훨씬 적다(예를 들어 2011년에는 10만 500채, 2013년에는 9만 5000채, 2017년에는 9만 3000채). 2017년 완공한 사회주택은 그보다 적은 7만 8200채[11]로, 그중 20%는 사회적 임대주택 PLS[12]에 속해 저소득층이 입주할 수 없다.

10여 년 전부터 프랑스 여러 내각이 야심 찬 사회주택 정책을 선보였지만, 계획대로 된 적은 별로 없다. 예를

---

9 프랑스령 해외 영토(DOM)를 제외한 프랑스 대도시 기준 수치. 여기에 프랑스 도시재생청(Agence Nationale pour la Rénovation Urbaine, ANRU)의 활동 내역은 반영되지 않았다.

10 국가에서 사회주택 건설을 승인한 시점과 실제 서민이 입주하는 시점에도 상당한 차이가 있다. 이는 2017년 기준 3~4년으로, 2017년에 착공한 사회주택 11만 3000채는 2020~2021년에야 입주가 가능하다.

11 프랑스주택사회조합(l'Union sociale pour l'habitat, USH)에 따르면, 2016년 사회주택 증가분은 7만 1000채다. 신축한 주택 8만 5000채와 사회주택용으로 수용한 주택 6000채에서 철거한 주택 1만 2000채, 민간에 판매한 주택 8000채를 뺀 수치다.

12 오늘날 프랑스에는 국가가 지원해서 건설하는 네 가지 사회주택이 있다 (6장 163쪽 박스 참조). 사회적 용도의 임대주택(PLUS), 사회 통합 지원 임대주택(PLAI), 사회적 임대주택(PLS), 중간형 임대주택(PLI)이다.

들어 프랑수아 올랑드François Hollande 대통령은 임기에 해마다 사회주택 15만 채를 짓겠다고 공언했지만, 약속은 지키지 않았다. 현재 사회주택 수요도 단기간에 충족될 것 같지 않다. 2018년 초 통계를 보면 현재 프랑스에는 사회주택 입주를 기다리는 180만 가구가 있다.[13] 2019년 아베피에르재단Fondation Abbé Pierre이 조사한 통계에 따르면, 지금도 프랑스에서는 400만 명 이상이 열악한 주거 환경에 노출됐다.[14] 더 정확하게 90만 2000명은 개인 주거지가 없고(그중 14만 3000명은 노숙자), 281만 9000명은 불편하고 과밀한 주택에 살며, 23만 2000명은 이동식 가옥이나 이주 노동자 숙소 등 더 나쁜 주거 조건에 시달린다. 재단에 따르면 "열악한 주거 환경에서 살아가는 이 400만 명 외에도, (정확한 추산은 힘들지만) 주택난에 직간접적으로 노출된 이가 훨씬 더 많다".

공급 부족 외에 더 큰 문제는 사회주택의 극도로 부정적인 이미지다. 설문 조사 기관 입소스IPSOS에 따르면

---

13  해마다 50만 가구가 완공됐거나 완공될 사회주택에 입주한다고 가정할 때, 180만 채가 더 필요하다는 의미. 여기에서 50만 채는 종전 사회주택에 거주하던 이들의 수요다.

14  *L'État du mal-logement en France. 24e rapport annuel (2019)* de la Fondation Abbé Pierre pour le logement des défavorisés : http://www.fondation-abbe-pierre.fr

프랑스인 70%가 저가임대주택이 살기에 쾌적하지 않다고 여긴다. 57%는 경범죄자의 소굴로, 55%는 적절히 관리되지 않는 비위생적 주택으로 본다. 사회학자 디디에 바노니Didier Vanoni가 지적했듯이[15] 사회주택의 부정적 이미지는 국가의 주택·도시 정책에 영향을 줄 뿐만 아니라, 사회주택 지구에 거주하는 저소득층에 사회적 낙인을 찍는다. 이런 의미에서 사회주택은 결국 '나쁜 주택'인 셈이다. 이 낙인 탓에 많은 지자체장이 자기 지역구에 사회주택을 유치하기 꺼리며, 필요할 경우 사회적연대와도시재생법SRU[16]이 규정한 개별 지역구 내 주택 25% 이상을 사회주택으로 건설하라는 명령을 어기기도 한다.[17] 지자체가 거부할수록 사회주택의 이미지는 더 나빠지고, 언론이 다시 요란하게 떠들면 사회주택 지구는 '도시 폭력'을 양산하는 곳처럼 낙인찍힌다. 그러나 바노니에 따르면,[18] 저소득층에게 사회주택 입주는 여전히

---

15  *Recherche sociale,* 167, 2003.

16  Loi relative à la solidarité et au renouvellement urbain (13 décembre 2000).

17  2013년 1월 18일 발효한 뒤플로(Duflot) 법은 사회주택 건설을 위한 토지세 혜택과 지자체별 사회주택 공급 의무를 규정한다. 이 법에 따라 현재 프랑스에서 지방은 인구 3500명 이상, 수도권은 인구 1500명 이상 모든 지자체가 지역 내 총 주택 가운데 25% 이상을 사회주택으로 건설해야 한다.

18  *Ibid.*

사회적 신분 상승의 방편이기도 하다. 사회주택이 아닌 곳에 거주하는 극빈층의 삶은 더 비참하기 때문이다. 다시 말해 현재 프랑스에는 사회주택 입주도 불가능한 '배제된 집단'이 존재하며, 이 문제를 타개하려면 사회주택이 사회적 배척과 빈곤 문제를 해결하는 열쇠이자, 프랑스 '하층민'에게 신분 상승의 도구가 됐다는 사실을 인정해야 한다.

그렇다면 무엇이 '사회주택'인가? 단순히 가장 가난한 계층의 주거지라고 정의할 순 없다. 그 의미라면 사회주택은 어느 시대, 어느 곳에나 있었기 때문이다. 인류학자이자 사회학자 자크 바로Jacques Barou가 지적한 대로[19] 사회주택에서는 시민의 연대와 이익의 순환이라는 의미에서 '사회적'이란 개념이 중요하다. 이 개념은 "가진 자의 소득이나 이익을 직간접적 방식으로 덜 가진 자 혹은 못 가진 자에게 재분배하는 것을 전제로 한다". 따라서 프랑스 사회주택의 핵심 원칙은 사회적 연대와 이익의 순환이라 할 수 있다.

이 사회적 연대를 정책으로 구현하기까지 긴 시간이 필요했다. 사회학자 장-폴 플라망Jean-Paul Flamand이 설명

---

19  *La Place du pauvre*, L'Harmattan, 1992.

한 대로,[20] 사회주택 영역에서는 이해관계인의 여러 상반되는 요구가 충돌한다. 권력층과 이를 대변하는 정치 집단은 경제적·정치적 자유주의 이념을 내세우며 서민 주택 건설에 시큰둥한 태도를 보였다. 국가는 신성불가침의 사유재산권과 자유로운 기업 활동을 위해 주택 영역에 개입해선 안 된다는 것이다. 저소득층과 그들의 정치적 대변자도 국가의 주택문제 개입을 마냥 좋게 보진 않았다. 부르주아에 놀아나는 국가가 결국 착취와 억압을 더한다는 논리다. 사회주택 건설에 처음으로 진지하게 관여한 이들은 위생학과 가톨릭 사회주의사상에 공감한 몇몇 뜻있는 기업가다. 그러다 19세기 말부터 상당한 망설임 끝에 국가와 공공 기관이 사회주택 문제를 떠맡았다.

이 책에서는 플라망[21]과 법관이자 도시문제 전문가 베르나르 부블리Bernard Boubli[22]처럼 사회주택을 다음과 같이 정의하고자 한다. '공공 기관과 국가, 지역공동체가 직간접적으로 지원해서 건설하며, 소득 수입이 적은 개인

---

20  *Loger le peuple. Essai sur l'histoire du logement social*, La Découverte, 2002.

21  *Ibid.*

22  *Le Logement*, Puf, 1994.

을 그 소득에 상응하는 저렴한 임대료를 받고 입주시킬 목적으로 지은 주택.'

책의 구성을 간략히 소개한다. 1장에서 나는 사회주택 건설이 역사적으로 행복하고 이상적인 사회를 향한 서양의 유토피아주의에 뿌리를 두고 있음을 보일 것이다. 이어지는 2~5장에서는 사회주택이 어떻게 개혁론자와 박애주의자, 온정주의자, 국가의 주요 관심사가 됐으며, 19~20세기 프랑스에서 사회주택이 어떤 방식으로 설계·구성됐고, 어떤 공공 정책과 입법 과정을 거쳐 계획됐는지 살펴볼 것이다. 6장과 결론에서는 사회적·경제적 격동의 시기인 현재, 프랑스 사회주택 관리자와 입법가의 목표, 정책과 법안, 문제와 근심거리를 짚어볼 것이다.

# 차례

# 1

## 사회주택의 사상적 토대, 유토피아주의

## 1. 이상적 사회 : 플라톤에서 프루동까지

고대부터 이상적 사회의 구상과 실현은 수많은 철학자, 사상가, 정치인의 관심사였다. 서구의 지적 전통에서 이상적 도시, 완벽한 사회, 어디에도 없을 법한 국가를 최초로 구상한 이는 플라톤Platon이다. 그 유토피아적 꿈은 토머스 모어Thomas More와 프랑수아 라블레François Rabelais의 사회적 유토피아주의, 피에르 조제프 프루동Pierre Joseph Proudhon과 에티엔 카베Étienne Cabet의 사회주의, 올더스 헉슬리Aldous Leonard Huxley와 조지 오웰George Orwell의 소설을 거쳐 오늘날까지 이어지고 있다. 경제적 비참과 끔찍한 전쟁, 전체주의 독재 집단의 출현이나 현재 팽배한 이기주의에서도 말이다. 폭력을 통한 체제 전복처럼 혁명적인 수단이든, 법치를 존중하며 입법을 통해 점진적 개선을 모색하는 개혁적인 수단이든, 정치적 수단으로 세계를 바꿀 수 있다고 믿던 이에게는 언제나 유토피아적 정신이 있었다. 이 꿈은 위대한 초기 사회학자에게서도 발견된다. 그들에게는 진실과 '실증성'의 원칙에 따라 사회 현실을 기술·이해·분석하려는 의지 외에도, 이상적 사회나 사회적 이상을 구상하고 사회에 관한 순수한 개념과 패러다임을 다듬으려는 집요한 열망이 있었다. 조화롭고 안정적이며, 질서 잡히고 단단히 결속된 사회 건설은 오귀스트 콩트Auguste Comte와 에밀 뒤르켐Émile Durkheim의 사회학 연구 목표 중 하나였다. 지금도 사회학 계에는 유토피아적 전망과 낙관주의 정신에 근거해 사회학을 사회변혁의 한 수단으로 여기는 진보주의적 경향(물론 이 관점에서는 사회 내 모순이나 갈등보다 통합이 중시된다)이 강하다. 사회학자 피에르-장 시몽Pierre-Jean Simon이 지적했듯이,[1] 때로 사회학 연구에서 연대와 통합 중심의 뒤르켐식 사회관에 기초한 '불가능에 대한 매혹'[2]이 지나쳐 '사회 현실 탐구라는 순수한 지적 목표'에 방해가 되는 건 유감이지만 말이다.

완벽한 사회라는 플라톤적 이상에 심취한 사상가는 어느 시대나 있었다. 사랑과 형제애를 주창한 생시몽주의적 가톨릭교회, 비폭력주의를 부르짖은 간디 지지자, 계급 없는 사회를 꿈꾼 공산주의자, 국가와 개인에 대한 억압이 없는 사회조직을 꿈꾼 유토피아적 무정부주의자가 그 몇 가지 예다.

지금까지 이상적 사회 모델을 제안한 사상과 이론, 실

---

1   *Histoire de la sociologie,* Puf, 1991.

2   E. Cioran, *Histoire et Utopie,* Gallimard, 1960.

천적 경험과 시도를 살펴보려면 몇 권으로도 부족할 것이다. 사회주택을 다룬 이 책에서는 사회학자 앙리 데로쉬Henrii Desroche의 분류법에 따라[3] 여러 시대별 유토피아 가운데 세 시대를 대표하는 몇몇 사상가의 생각을 살펴보려 한다. 먼저 고대 유토피아인 플라톤의 《국가 Politeia》, 르네상스부터 프랑스혁명 사이에 가장 유명한 토머스 모어의 《유토피아Utopia》, 다음으로 19세기 공상적·과학적 사회주의자들[4]이 꿈꾼 이상적 경제·사회조직의 형태를 보자.

### 플라톤의 완벽한 도시

플라톤의 《국가》[5]는 이후에 구상된 숱한 유토피아적 계획의 원형이자 모델이다. 플라톤이 상상한 이상적 국가에서는 무엇보다 정치적 권력과 철학이 하나여야 한다. 권력은 철인왕, 깨달은 지도자, '진정한 지식과 참

---

3  F.-H. Desroche, Utopie, *Encyclopædia Universalis*. 앙리 데로쉬가 구분한 네 번째 시대는 각종 공상 문학이나 과학소설적 유토피아(헉슬리의 《멋진 신세계(Brave New World)》, 오웰의 《1984》)가 등장한 현대다. 이 시기는 이 책에서 다루지 않는다.

4  과학적 사회주의(마르크스, 엥겔스)와 유토피아적 사회주의(카베, 프루동, 생시몽)를 구분한 이는 프리드리히 엥겔스다.

5  Platon, *La République*, Flammarion, 1966.

된 지혜'를 갖춘 자가 잡아야 한다. 이들은 의견의 노예인 다수 시민을 위한 길잡이가 되며, 가장 우수한 시민을 '앎의 빛과 선善의 개념'으로 인도한다.[6] 플라톤에 따르면 완벽한 국가는 자연이 설정한 위계를 존중한다. 개인은 자기 본성에 맞는 자리를 찾고, 거기에 전적으로 만족한다. 이 국가에는 세 계급이 있다. 수호자 혹은 지도자, 보조자 혹은 전사, 대다수 대중으로 구성된 노동자. 플라톤은 고전적인 이분법 논리로 사회를 바라본다. 한편에 통치자가 있고 다른 한편에 통치되는 자들이 있다. 이상적 국가의 요체는 통치하는 계층이므로, 이 계층은 내적인 결속과 단결이 필요하다. 플라톤에게는 균질성이 선이고 다중성은 악이다. 따라서 통치하는 계층과 통치되는 계층의 조화를 모색할 필요가 있다. 이상적 국가 칼리폴리스Callipolis는 공동체 정신으로 충만해, 국가의 조화로운 번영을 꿈꾸는 거대한 가족이라고 할 수 있다. 플라톤은 개인주의를 고통과 분열의 근원으로 보며 반대했고, 사회의 안녕을 중시했다.

6    J.-P. Simon, *op. cit.*

## 토머스 모어의 유토피아

토머스 모어가 쓴 《유토피아》는 사회적 유토피아주의의 두 번째 시기를 여는 작품이다. 이 책도 플라톤의 《국가》처럼 후대의 숱한 이상적 도시계획과 실험을 위한 기준점이 됐다. 1516년에 《최선의 국가 형태와 유토피아라는 새로운 섬에 관한 유익하고 즐거운 소책자Libellus vere aureus nec minus salutaris quam festivus de optimo reipublicae statu, deque nova insula Utopia》[7]라는 제목으로 발표한 작품이다. '이상적 통치로 행복한 인민을 다스리는 상상의 나라'는 당대 정치 체제를 신랄하게 비판한 것이다. 모어는 항해사의 입을 빌려 유토피아라는 지복의 섬을 그리는데, 이곳에서 통용되는 근본원리는 공유재산제와 민주주의다. 그렇지만 '국가 중 최선의 형태'인 이 섬은 상상의 산물로, '아무 곳에도 존재하지 않는'다.[8] 낙원의 섬은 이상화한 영국의 이미지다. 항해사이자 탐험가인 화자는 54개 도시로 구성된 한 고장을 발견한다(당시 영국은 54주였다). 이 고장의 수도는 강가의 항구도시 아마우로툼Amaurotum(희

---

7   T. More, *Utopie,* Paris, Éditions Sociales, 1982.

8   유토피아(utopia)의 어원에는 두 가설이 있다. 하나는 그리스어 ou('아닌' '없는')와 topos('장소')의 결합으로 '아무 곳에도 없는'이라는 뜻이고, 다른 하나는 그리스어 eu('좋은')와 topos의 결합으로 '좋은 장소' '행복의 장소'라는 뜻이다.

미한 도시)으로, 안개에 뒤덮인 런던London과 흡사하다.

유토피아 섬의 도시는 형태와 사회조직, 관습, 법률이 모두 동일하다. 이 나라에선 욕망의 통제와 절제, 규율을 기반으로 한 청교도적 모럴이 통용되며, 돈은 사회적으로 큰 의미가 없다. 재화는 국가가 공정하게 관리하고 재분배하기 때문이다.

16~18세기에 상상한 다른 유토피아도 여럿이다. 당시 사람들은 일종의 유희로 이상적 도시를 꿈꿨다. 볼테르Francois-Marie Arouet Voltaire가 《캉디드Candide》(1759)에서 상상한 엘도라도, 라블레가 《가르강튀아Gargantua》(1534)에서 묘사한 텔렘 수도원 등이 그 예다. 그 후 프랑스혁명과 미국독립혁명을 거치면서 사람들은 조금 더 실제적인 유토피아, 즉 이상적 국가를 꿈꾸기 시작했다. 이 세 번째 시기에도 더 나은 세계, 더 조화로운 사회, 더 빛나는 미래에 대한 희구는 이전 시대 못지않았다.

### 사회주의 : 조화로운 사회의 꿈

사회주의는 19세기 유럽 사회를 빚어낸 경제적·사회적 격변에 대한 반작용으로 등장했다. 계몽주의 시대 말기에 처음에는 영국이, 이후에는 프랑스와 독일을 포함한 다른 유럽 지역이 두 가지 커다란 사회적 변혁을 겪었다. 거의 동시에 전개된 이 변화는 사회, 문화, 정치, 경제 모든 영역에서 유럽 사회에 막대하고 결정적인 영향을 끼쳤다. 하나는 경제적 자유주의, 다른 하나는 산업화다.

16세기 이래 유럽 각국의 고문에게 가장 큰 화두는 부강한 국가를 위한 대책이었다. 16~18세기 영국과 스페인, 프랑스의 중상주의자, 18세기 중농주의자는 무엇보다 자국의 부를 증진할 방안을 모색했다. 그 방법은 다양했다. 스페인 중상주의자는 전 세계 식민지에서 귀금속(금)을 악착같이 긁어모았다. 프랑스에서 중상주의자는 제조업 부흥을, 중농주의자는 농업 발전을 주장했다. 그러다 18세기 말 영국에서 새로운 경제적 접근법이 나타났다. 이때 새로움은 종전 중상주의나 중농주의 관점과 완전히 결별했다기보다 생산이나 분배, 교환, 국가의 개입 등 사회 현실의 모든 측면을 경제적 분석 대상으로 끌어들였다는 데 있었다. 경제적 자유주의의 대표자는 애덤 스미스Adam Smith다.

기계의 발전과 더불어 생산양식도 수공업에서 산업화한 공장제로 변했다. 생산량을 늘리기 위해 노동생산성을 향상해야 했고, 기업가는 노동 분화를 도입했다. 스미스에 따르면 노동 분화는 높은 생산성에 필수 요소로, 국가의 경제성장에도 유리했다.

산업화의 물결은 유럽 전역으로 퍼져 특히 노동자 계층을 강타했다. 수공업 장인은 갑자기 일자리를 잃었고, 가혹한 노동자 착취와 형편없는 급여, 전통적 사회 관계의 파괴 등이 잇따랐다. 이런 시대적 배경에서 출현한 사회주의는 사회의 자발적 재건을 목표로 삼았다. 다시 말해 사회적 이상이나 유토피아적 사회를 제안한 사회주의는 산업화 이후에 등장한 운동이다. 이 운동은 제일 먼저 19세기 초 영국에서 차티스트운동의 일환으로 조직되기 시작했다. 당대 영국 사회주의의 상징적 인물은 로버트 오언Robert Owen이다. 그 후 사회주의는 프랑스에도 깊이 뿌리내린다. 프랑스 초기 사회주의 운동의 중요 인물은 프랑수아-노엘 바뵈프François-Noël Babeuf, 카베, 플로라 트리스탕Flora Tristan 등이다. 그렇지만 프랑스에 사회주의사상을 처음으로 퍼뜨린 인물은 생시몽Saint Simon이다. 그는 귀족이자 실증주의의 선구자, 사회과학자로 인류 사회의 미래가 '산업주의'에 달렸다고 봤다. 평등과 자유를 선호하는 젊고 역동적인 신생국 아메리카와 달리, 구대륙은 국가라는 갑갑한 통치 기구와 인민에 기생하는 유한계급(무엇보다 군인, 성직자, 금리생활 부르주아)의 착취에 짓눌렸다는 것이다.

한편 프랑스 노동운동에 지대한 영향을 미친 사람은 프루동이다. "사유재산, 그것은 도둑질이다"라는 선언으로 빠르게 유명해진 그는 나폴레옹Napoléon 치하에서 법적으로 보호되던 사유재산 구조를 비판했다. 프루동에 따르면 이런 법률은 '부당한 횡재', 즉 타인의 노동에서 수입을 뜯어낼 수 있게 했다. 부당한 수입은 지대에서 얻는 소작료, 주택의 임대료, 빌려준 돈에서 얻는 이자 등 각양각색이다. 그는 문제의 해결책이 '상호부조주의mutuellisme', 다시 말해 '가입과 탈퇴가 자유로운, 개인의 자발적 동의에 근거한 노동자 조합에서 발견되는 호혜성 원리'에 있다고 생각했다.[9] 이런 경제조직이 정착되면 정치적으로 도덕적 진보와 개인적 자유가 보장되고, 민주주의의 발전과 사회계약론적 정치관의 확산은 비교적 단기간에 국가의 종말을 가져오리라는 것이다.

사회주택의 사상적 토대를 설명하기 위해 주요 사상가를 전부 일별할 필요는 없으리라 본다. 물론 마르크스Karl Heinrich Marx나 엥겔스Friedrich Engels의 저작은 더 조화로운 사회(계급 없는 사회) 건설을 위해 사회주의자들이 어떤 신념과 논증을 동원했는지 명료하게 보여준다. 이 책에서는 이상적 주거 모델과 모범적 도시계획을 제안한 유토피아적 사상가 두 명을 살펴보려 한다.

9    M.-M. Salort, Y. Katan, *Les Économistes classiques : de A. Smith à Ricardo, de Stuart Mill à K. Marx,* Hatier, 1988.

## 2. 이상적 주거지 : 오언에서 푸리에까지

　건축사학자 프랑수아 쇼에Françoise Choay[10]에 따르면, 19세기 이상적 사회주의자의 도시계획은 당대 진보주의 사회철학(진보적 도시계획)의 산물이다. 이 사조는 산업 사회 전반과 산업혁명이 인간의 삶과 도시에 끼친 수많은 해악을 총체적으로 비판하고자 했다. 오언과 푸리에Charles Fourier, 카베, 고댕Jean-Baptiste André Godin 등이 주축이 된 이 정치사상가 집단의 사유는 유토피아를 중심으로 회전하며, 미래지향적 · 진보주의적 시간관에 근거한다. 이들은 일종의 합리주의에 희망을 거는데, 과학기술이 인간과 세계의 관계 맺음에서 파생되는 여러 문제를 해결할 수 있어야 한다는 것이다. 이 진보주의적 도시계획에서 발견되는 몇 가지 특징은 다음과 같다.

　첫째, 공간은 하늘을 향해 탁 트이고 녹지로 뒤덮였다. 둘째, 도시 공간은 기능적 논리에 따라 구성된다.

---

10　*L'Urbanisme. Utopies et réalités*, Seuil, 1965. 지은이는 이 진보주의 모델을 그가 '문화주의 모델'이라 부른 것과 구별한다. 문화주의도 유토피아적 비전을 품지만, 과거주의(회고주의)적 시간관을 기반으로 한다. 다시 말해 문화주의 모델은 노스탤지어적 모델이다. 이 두 번째 모델은 윌리엄 모리스(William Morris), 존 러스킨(John Ruskin), 로버트 하워드(Robert Ervin Howard) 등의 저작에서 찾을 수 있다.

다시 말해 주거지와 일터, 문화 공간, 여가 공간, 상업 공간 등이 뚜렷이 구획·분리된다. 셋째, 이 모델은 미학을 중시해서 합리성과 더불어 아름다움을 추구하고자 했다. 넷째, 이상적 주거지 형태는 협동조합과 집산주의 옹호자(푸리에)가 제안한 공동 주거 단지, 개인적 자유 수호자(프루동)가 제안한 개인 주택 모두 가능했다.

## 로버트 오언의 완벽한 평등

유럽 사회주의의 아버지 가운데 한 명인 오언은 어린 시절에 프롤레타리아의 비참과 공장제 생산양식의 문제점을 피부로 체험했다. 그는 열 살 때 면직 공장에서 일하기 시작했고 열아홉 살부터 맨체스터Manchester에서 방직공장을 운영했으며, 유복한 결혼 이후 1798년에 스코틀랜드 뉴래너크New Lanark에 있는 섬유 공장 소유주가 됐다. 그 후 오언은 계몽주의 철학에서 기른 생각을 실천에 옮긴다. 실증주의자이자 합리주의자인 그는 무엇보다 교육을 통해 사회적 해악에 맞설 수 있다고 봤다. 인간이 기계를 지배하고 산업혁명의 가능성을 진정으로 활용하려면 교육이 필요하다는 것이다. 그래서 오언은 현대적 방법론을 기반으로 한 의무교육제를 주창했고, 영국 최초 유치원을 설립했다. 노동시간을 하루 열 시간으로 줄이고, 급여를 인상하는 등 노동조건과 삶의 질 향상을 위해서도 애썼다. 오언의 더 큰 관심사는 노동자 주택의 물리적·사회적·도덕적 조건 개선이었다. 그는 저서를 통해[11] 위생적이고 정연하며 교육적 효과도 있는 이상적 주거 단지를 다음과 같이 제안했다. '주민 500~3000명이 어울려 살아가는 반半전원 지역의 작은 커뮤니티. 이 커뮤니티에는 주거용 가옥은 물론 식당, 어린이집, 학교, 도서관, 강연장, 예배소, 보건소, 호텔 같은 공공시설뿐만 아니라 산업용·농업용 건물도 있다. 그리고 수많은 녹지가 건물을 분리한다.'

오언의 구상은 관념에 머물지 않았다. 그는 1825년 미국 인디애나Indiana주에 뉴하모니New Harmony라는 공동체를 설립했다. 그 시도는 실패했고, 재산을 80% 잃어버린 뒤에 유럽으로 돌아와(1829년) 노동운동과 협동조합 운동에 헌신했다.

### 샤를 푸리에의 팔랑스테르(1829년)

사회주택 연구자로서 유토피아적 사상가 샤를 푸리에의 업적은 특별히 중요하다. 후대의 숱한 노동자 주

---

11 *A New View of Society* (1813), *Report to The County of Lanark* (1816), *The Book of The New Moral World* (1836).

택 계획과 건설이 그의 조합식 공동주택 개념을 준거로 삼았기 때문이다. 19세기 고댕이 상상한 '가족제 조합 공동주택familistère'부터 1930~1940년대 르코르뷔지에 Le Corbusier가 구상한 '빛나는 도시', 두 차례 세계대전 사이에 파리Paris 교외에 처음 건설한 사회주택 단지 등 수많은 프로젝트가 이 선구적 사회주의자의 구상에 빚지고 있다.

생시몽처럼 과학주의 옹호자고 부유한 모직물 상인의 아들인 푸리에는 '팔랑스테르phalanstère'라는 주거 모델을 개발했다. 쇼에가 18세기 진보주의적 도시계획 가운데 가장 정교하고 치밀하다고 평가한 이 주거 단지는 푸리에의 방대한 사상 체계와 뗄 수 없는 관계다. 이 사회조직 모델은 부르주아적 산업사회와 자유주의경제를 향한 신랄한 비판이기도 했다. 푸리에는 비관적 현실 인식을 낙관주의적 역사관으로 극복하고자 한다. 인류는 원시, 미개, 가부장제, 야만, 문명, 봉건적 조합주의garantisme, 단순 조합주의sociantisme,* 화합주의라는 8단계를 거쳐 진

---

* 봉건적 조합주의(garantisme)와 단순 조합주의(sociantisme)는 푸리에가 꿈꾼 이상적 사회의 이전 단계(6,7단계)로, 개인의 행복과 안녕을 보장하기 위한 조합식 공동체, 혹은 조합 원리가 불완전하게 실현된 사회조직 형태를 의미한다.

정한 풍요에 도달한다는 것이다. '진정한 화합'이 지배하는 조합 중심의 세계 말이다.

푸리에는 저서에서[12] 인간 행복의 총량을 증진할 완벽한 사회조직의 청사진을 제시한다. '더럽고 추악한' 도시를 혐오한 그는 팔랑스테르를 농지로 둘러싸인 전원 지역에 두길 원했다. 이 '사회 조합적 궁전'(팔랑스테르의 다른 명칭)은 대형 건물(주거동)로 조합원 약 1600명이 '팔랑쥐phalange' 하나를 이루며 그 안에 산다. 팔랑쥐의 주거동은 중앙 건물과 나무를 심은 중정, 측면의 두 부속 건물로 구성된다. 최소 3층 높이 주거동은 주택 외에 도서관, 휴게실, 증권거래소, 회의실, 호텔, 오페라극장, 교회, 법원, 학교 등 다양한 공공시설을 갖췄다. 주거동 근처에는 장인의 작업실, 농업용 건물, 널찍한 광장이 있다. 푸리에는 팔랑스테르 내 각 구역의 소통에도 신경 썼다. 세 개 층에서 접근할 수 있는 통로 겸용 회랑을 구상했다. '1~3층 전 구역에서 회랑으로 들어오는 출입문이 있고, 곳곳에 위층으로 올라가는 계단이 있다.'

푸리에의 건축적·도시계획적 구상은 의심할 여지없이 시대를 앞서간 것이다. 역사학자 게랑Roger-Henri Guerrand

---

12  *Traité de l'association domestique-agricole* (1822), *Le Nouveau Monde industriel et sociétaire* (1829), *Cités ouvrières* (1849).

이 지적하듯,[13] 푸리에 이전에는 그토록 엄밀하게 '한 공동체가 건강하고 조화로운 삶을 영위할 수 있는 총체적 주거 단지'를 제안한 인물이 없었기 때문이다.

신조어가 넘쳐나는 푸리에의 책은 딱딱해서 대중에게 인기가 없었다. 그러나 몇몇 추종자가 그의 사상 체계를 대중화하려고 애썼다. 첫 번째 추종자는 군사공학자 콩시데랑Victor Prosper Considérant이다. 그는 조합원의 사유재산권 보장이나 여성해방 같은 사상에 완전히 공감했다. '여자의 역할과 운명은 남성을 섬기거나 남성의 시녀가 되는 게 아니다. 남성이라는 성에 필적하는 여성이라는 성이 되는 것이다.'[14] 콩시데랑이 묘사한 팔랑스테르는 푸리에가 구상한 원본과 크게 다르지 않지만, 훨씬 완전하고 정확하며 상세하다. 콩시데랑이 묘사한 새로운 주거 단지의 구성을 보자. '조합식 공동주택을 지을 때는 모든 것을 계획·구비·조직·결합해야 한다. 인간이 공간의 주인으로서 물과 공기, 열과 빛을 다스려야 한다.'[15] 마지막 문장은 주거동마다 수도(냉수와 온수)와

---

13  *Propriétaires et locataires. Les origines du logement social en France (1850-1914),* Quintette, 1987.

14  V. Considérant, *Destinée sociale* (2 vol.), 1834.

15  *Ibid.*

중앙 난방장치를 설치한다는 의미다. 콩시데랑 본인도 팔랑스테르와 비슷한 주거 공동체 설립을 시도했지만, 전부 실패했다. 1849년 미국의 댈러스Dallas 근처에 설립한 레위니옹Réunion 공동체가 가장 유명하다.

　두 번째 추종자는 소설가이자 유토피아적 사회주의의 열렬한 신봉자 외젠 쉬Eugène Sue다. 1844년에 출간한 《Le juif errant방황하는 유대인》은 놀랍도록 정확한 리얼리즘으로 노동자와 최하층 서민의 삶을 묘사한다. 그는 푸리에식 공동주택에 사는 몇몇 주인공을 생생하게 되살렸다. 푸리에의 책보다 훨씬 읽기 수월한 이 소설은 예기치 않게 유럽 전역에 팔랑스테르 사상을 퍼뜨리는 계기가 됐다. 소설은 독일어, 스페인어, 포르투갈어, 러시아어, 히브리어 등 여러 언어로 번역됐다.

　당대 프랑스 입법가나 기업가, 정치가는 조합식 공동주택 건설에 대단히 소극적이었다. '유토피아적' 주거 단지가 건설된 적이 딱 한 번 있었다. 다음 장에서 다룰 고댕의 '가족제 조합 공동주택'이다. 그렇지만 이 장에 소개한 주거 계획이 19세기 말부터 시작된 사회주택 건설에 중요한 기준점이 됐다는 사실을 잊어선 안 된다.

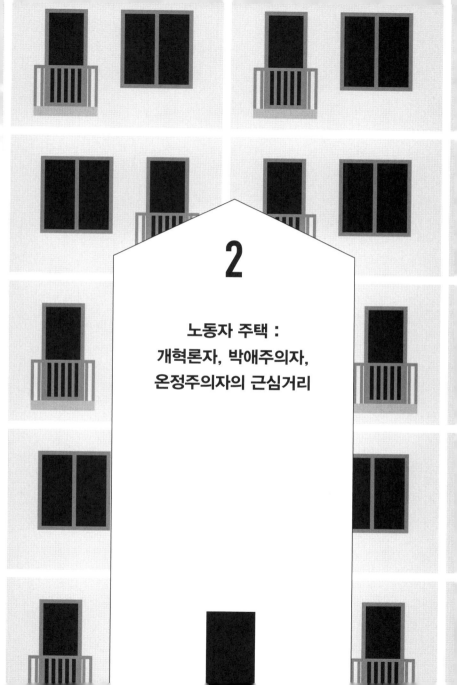

**2**

노동자 주택 :
개혁론자, 박애주의자,
온정주의자의 근심거리

# 1. 19세기 프랑스의 주택 상황

18세기 말에는 30%가 넘는 프랑스 인구가 빈곤에 시달렸다. 약 1000만 명이 비참하게 살았으며, 그중 절반은 끼니를 잇기도 어려웠다.[1] 주거지는 대부분 조잡하고 불결했으며, 세입자의 지위도 불확실해서 언제든 쫓겨날 수 있었다. 그들은 좁고 더러운 집을 가난한 세입자에 임대한 집주인의 횡포에 시달렸다.

당대의 날카로운 관찰자 메르시에Louis-Sébastien Mercier[2]는 파리 빈민 주거지에 대한 귀중한 묘사를 남겼다. 당시 생마르셀Saint-Marcel 지구의 상황을 보자. '교외인 생마르소Saint-Marceau에서 생마르셀로 들어서며 내가 본 것은 더럽고 악취 나는 소로와 흉측한 집, 거지, 불결함과 가난뿐이었다(…). 가족 전체가 방 하나에 살았다. 네 벽과 시트조차 없는 침대, 요강과 함께 나뒹구는 주방 집기가 보였다. 가구를 합해봐야 20에퀴écu(19세기 5프랑 은화)

---

1   Domo Quintet, *Les HLM : approches sociales, économiques et juridiques,* ADELS, 1988.

2   *Tableau de Paris,* éd. d'Amsterdam, 1783-1789(12 vol.), Guerrand, *op. cit.*에서 재인용.

도 되지 않았다. 그들은 집세를 내지 못해 석 달마다 방을 옮겨야 했다.' 역사학자 게랑[3]은 18세기 파리 시민이 얼마나 좁은 공간에서 비위생적으로 뒤엉켜 살았는지 지적한다. 노동자 계층은 파리의 어떤 지구에서든 과밀 상태로 지냈다. 예를 들어 테아트르-프랑세Théâtre-Français 근처*에서는 방 6개와 다락 몇 개가 있는 건물에 27명이 살았다. 파리 교외 생앙투안Saint-Antoine 지구에서는 131세 대 중 69세대가 단칸방에 거주했다. 32세대는 방 2개, 15세대만 방 3개짜리 집에 살았다. 게랑은 메르시에의 기록을 참조해 비싼 집세와 집주인의 가혹함을 다음과 같이 묘사한다. '사람들은 누구와도 잘 지냈다. 심지어 유대인과도 잘 지냈다. 하지만 자기 세입자와는 그럴 수 없었다. 임대인은 벽돌공에게 들볶이는 건물주에게 늘 시달렸기 때문에 피도 눈물도 없이 가혹했다. 당시에는 집세를 못 내면 끔찍한 범죄처럼 취급했다. 그렇게 파리 교외에서는 집세를 못 낸 3000~4000세대가 석 달마다 누추한 세간을 싣고 허름한 방을 전전했다.' 지방 도시 나 시골의 주택 상황도 크게 낫지 않았다.

3  *Tableau de Paris,* Guerrand, *op. cit.*에서 재인용.
*  현재의 루브르 박물관 인근 지구.

사회적 격변의 시기인 18세기 말, 서민의 주거 조건은 프랑스혁명 당원의 주요 관심사가 아니었다. 주택문제는 프랑스혁명 당시 소집된 삼부회 청원서나 그 후 의회 보고서에도 등장하지 않는다. 잘 알려진 대로 1789년 프랑스혁명은 부르주아의 혁명이지, 많은 피를 흘린 '제삼계급(평민층)'이나 '하층민'의 혁명이 아니었다. 혁명 후 정국을 장악한 부르주아는 자유주의경제와 산업화를 기반으로 한 새로운 경제체제를 확립한다.

1791년 6월 14일, 르샤플리에Lechapelier 법이 선포되면서 기업 활동의 자유, 상품의 자유로운 유통, 노동과 채용의 자유가 보장된다. 역사학자 우드빌Louis Houdeville[4]이 지적했듯이, 이 모든 자유의 이름으로 노동자가 상품으로 취급되고 기업가는 7세 이상 아동에게 일을 시킬 수 있게 됐다. 급여는 낮아지는데 집세는 올라가고, 산업 프롤레타리아 계층이 노동자 지구의 너절하고 비참한 집으로 몰려들었다.

땅임자도 대거 바뀌었다. 교회 부속 영지나 타지로 떠난 귀족의 땅은 국가에 귀속됐다가 다시 팔렸다. 새 땅임자는 부르주아가 대부분이고 일부 부농도 있었다. 배

---

4    *Pour une civilisation de l'habitat*, Éditions ouvrières, 1969.

타적인 땅임자 가운데 부유한 이들은 경제 · 정치 · 사회 전반에 영향력을 행사했는데, 예를 들어 산업자본주의의 확산을 최대한 저지하려 했다.[5]

정치적 · 사회적 변동의 여파는 복합적이었고, 19세기 내내 천천히 유럽 사회로 퍼졌다. 그렇지만 이 모든 사회적 · 경제적 · 문화적 변화의 기원이 단지 1789년 프랑스혁명이라고 볼 순 없다. 루터Martin Luther와 칼뱅Jean Calvin이 가톨릭교회의 몇몇 교리를 문제 삼은 16세기 이래, 중대한 사회적 · 문화적 변동이 시작됐기 때문이다. 그들의 대담한 종교적 비판은 큰 반향을 불러일으켰다. 가톨릭교회의 속박이 약해지면서 인간은 새로운 시각으로 세계를 바라보기 시작했다. 그렇게 지리 · 과학 · 철학 영역에서 새로운 인식의 지평이 열렸다. 계몽주의 시대, 개인과 공동체의 자유가 시민의 권리로 인정받으면서 이 변화는 결정적인 것이 됐다.

18세기 말은 진정한 전환기였다. 이전의 세계는 농민과 시골, 세습적 군주제, 불평등한 세 계층(귀족, 성직자, 평민), 신학적 · 형이상학적 우주론이 지배했다. 그

---

5    R. Butler, P. Noisette, *Le Logement social en France 1815-1981*, La Découverte, 1983.

러나 이후의 세계는 도시와 산업, 경제적 자유주의와 실증주의가 우선시되며, 정치조직에서는 공화제와 민주주의, 세속적 시민성(무종교성)을 기반으로 했다. 18세기 말부터 프랑스에서 전개된 산업화와 도시화라는 두 흐름을 살펴보자. 두 현상은 모든 사회계층의 노동과 주거, 삶의 조건에 엄청난 영향을 미쳤으며, 노동자 계층에게는 더욱 그랬다.

### 도시의 성장

1789년 프랑스의 인구는 대략 3000만 명이었다. 약 반세기 뒤인 1836년에는 3500만 명, 1891년에는 3830만 명으로 늘었다. 같은 시기 영국이나 독일에 비하면 인구 증가율이 완만했다.

당시 대다수 사람은 시골 지역에 거주했다. 1836년 프랑스의 시골 인구는 총인구의 약 76%, 1891년에는 약 63%였다. 프랑스는 중세 이후 수백 년간 농민 중심의 시골 인구가 80%를 웃돌아, 사회구조나 인구 면에서 안정된 시기를 보냈다. 그러다 19세기에 큰 변화가 시작됐다. 이 변화는 가속기와 정체기가 잇따르며 순차적으로 느리게 일어났지만, 프랑스 사회는 심층적 변화를 겪었다. 도시와 교외가 성장하고 시골 인구가 감소했다. 이 변화는 지역마다 다른 속도로 불균형하게 진행됐다.

도시계획가 마르셀 롱카욜로Marcel Roncayolo가 지적하듯,[6] 19세기에 집중적인 도시화가 두 차례(1831~1861년, 1872~1881년) 일어났다. 역사적으로 프랑스에서는 2000명 이상이 행정 중심지 한 곳 주변에 모여 사는 지역을 도시라 정의했다. 이에 따르면 프랑스 도시인구는 1831~1836년, 1841~1846년에 큰 폭으로 증가했다. 이 증가율은 제2제정 초기 10년(1851~1861년) 절정에 이르러, 해마다 도시인구가 2%씩 늘었다. 도시의 성장은 전쟁과 파리 혁명정부의 영향으로 1866~1872년에 다소 둔화했다가, 1872~1881년에는 다시 해마다 2% 증가했다. 1881년부터 큰 변동 없이 연간 1% 안팎의 증가율이 이어졌다.

이 시기 성장 리듬은 도시마다 달랐다. 예를 들어 생테티엔Saint-Étienne* 시 인구는 1811년 1만 8500명, 1891년 12만 명이었다. 80년 새 인구가 약 6.5배 늘었는데, 야금업과 방직공업 덕분이다. 지리적 조건이 여가와 관광에 적합한 칸Cannes 시 인구는 같은 시기 3000명에서 1만 5000명으로 늘었을 뿐이다. 직물 산업으로 큰 호황을 누

---

6    Logiques urbaines, in G. Duby (dir.), *Histoire de la France urbaine* (t. IV), Seuil, 1983.

*    프랑스 남동부 리옹(Lyon) 근처의 도시.

린 루베Roubaix 시\* 인구는 1811년 4500명에서 1891년 10만 명으로 22배 이상 늘었다. 이 시기 보르도Bordeaux 인구는 훨씬 완만한 증가율을 보여, 8만 5000명에서 25만 명으로 약 3배 늘었다.

이렇듯 각 도시는 지리적 상황, 전략적 위치, 역사나 자연조건, 정치적 기회나 자본의 흐름 등에 따라 성장 리듬이 다르다. 사회학자 플라망[7]은 각 도시의 특수성과 무관하게 당시 프랑스 도시의 성장을 낳은 세 가지 흐름을 지적한다. 첫째, 제한적이긴 하나 도시의 생활 조건이 개선되면서 도시 내부의 인구 성장이 있었다. 둘째, 국내 이주를 통해 시골에서 도시나 근교, 한 지역에서 다른 지역으로 몰려든 인구가 있었다. 시골의 일용 노동자나 부랑자가 공장 노동력으로 편입되고, 18세기부터 산업화로 일자리를 잃은 가내수공업 장인이 그 흐름에 합류했다. 셋째, 국외 이민자도 도시 성장에 이바지했다. 그들은 대부분 유럽 출신으로 벨기에인, 독일인, 이탈리아인이 많았다.

산업화뿐만 아니라 다른 요인도 도시의 성장에 영향을

---

\*    프랑스 북부 릴(Lille) 근처에 있는 도시.

7    Op. cit.

미쳤다. 예를 들어 한 도시와 인근 시골 지역의 경제적·사회적 관계, 해당 도시의 교통망 여부 등이다. 19세기 도시와 근교의 성장에 결정적 영향을 미친 요인은 산업화다. 프랑스에서 1851~1891년 약 500만 명이 도시로 몰려들었는데, 대부분 일자리를 찾기 위해서다.

### 산업화

1835년부터 프랑스 전역에서 느리게, 지역적으로 불균등하게 산업화가 진행됐다. 19세기 산업화 시기를 크게 둘로 나눌 수 있다.

- 1875~1880년 이전, 가내수공업 중심의 전前 산업화 시기다. 당시 노동은 주로 가내에서 파트타임으로 했고 남자와 여자, 때로는 온 가족이 한 '주인'을 위해 일했다. 사람들은 날과 계절의 흐름에 따라 밭과 공방에서 일했다. 대다수 노동력은 방직업(아마, 삼 등)에 종사했고, 농한기에 농부나 농장 노동자는 다른 활동에도 참여했다. 예를 들어 그들은 시골에 있고 반수공업·반공장제로 운영되는 영세 기업체(제련소, 벽돌 제작소, 제재소)에서 일했다.
- 1875년경부터 시작된 두 번째 산업화 시기다. 근대화된 대형 산업체가 등장하는 이 무렵, 전 산업화 시기의 모든

생산구조가 사라지기 시작했다. 그 결과 농촌 저소득층의 여유 수입원도 사라졌다. 일용 노동자를 겸하던 영세 소농은 이제 공장노동자가 될 수밖에 없었다. 그들은 점점 성장하던 제조업 분야에서 일자리를 찾았는데, 사실 제조업의 발전은 자본주의적 기업의 등장이라는 거대한 시대적 흐름과 맞물려 있었다. 금융자본의 집중, 과학기술의 발전, 동력 에너지원의 발견(최초 증기기관, 19세기 말부터 전기)이 이런 형태의 기업 발전에 유리하게 작용했다.

자유주의경제 논리를 기반으로 한 산업화는 생산 단가의 최소화, 이윤의 최대화를 추구했다. 노동 분화, 생산수단의 집적, 자본의 공동출자와 제휴, 노동력 착취(예를 들어 1일 노동 12~14시간)가 일반화됐고, 서민층의 삶과 주거 조건에 막대한 충격을 줬다. 농촌인구가 도시의 산업 지구로 몰리면서 노동자 계층 전반이 주택난을 겪기 시작했다. 당시 노동자 가정은 빈민굴, 허름한 셋방, 고미다락, 동굴 등 아무 데나 살았다.

### 19세기 프랑스 도시와 시골의 주택 상황

의사 빌레르메Louis-René Villermé가 1840년에 쓴 《Tableau de l'état physique et moral des ouvriers employés dans les manufactures de coton, de laine et de soie면·양모·비단 공장 노동자의 신체적·정신적 상태에 관한 보고서》는 19세기 중반 프랑스 노동자 계층의 삶과 주거 조건을 알려주는 귀중한 자료다. 그렇지만 이 책에는 제목과 달리 당대 프롤레타리아 계층의 주거와 생활환경에 대한 정확한 정보가 거의 없다. 그 외에 당시 프랑스 지방의 상황을 보여주는 기록이 남아 있는데, 여기에서 하나만 살펴보자. 의사 생—앙드레J. A. D. Saint-André[8]가 기록한 당시 툴루즈Toulouse의 상황을 보자. '툴루즈 주민은 정육점과 공동묘지에서 나는 지독한 악취 속에 살아간다. 공동묘지는 도시 곳곳에 있고, 주거지와 너무 가깝거나 방치된 상태다. 병원과 하수도, 공장 오수, 인간의 배설물이 악취를 더하고, 어마어마하게 태워대는 나무와 석탄, 여러 공방과 주물공장에서 배출하는 비소와 유황, 역청 연기도 문제다.'

　19세기 초, 파리 지역 서민층의 삶도 지방과 크게 다르지 않았다. 1832년 파리에서 1만 8602명의 목숨을 앗아간 콜레라 발생 당시의 보고서가 이를 잘 말해준다.

---

8　*Topographie médicale du département de la Haute-Garonne, contenant la description générale de toutes ses communes, et la topographie plus particulière de Toulouse*, 1813, R.-H. Guerrand, *op. cit.*에서 재인용.

데빌Deville 박사[9]가 기록한 파리 시청 인근 지구의 상황은 다음과 같다. '이 지구에 널찍한 주택은 거의 없다. 대다수 주택은 좁고 환기가 잘 안 되며, 안뜰을 마주한 여러 방과 셋방으로 쪼개져 있다. 높은 건물과 더러운 실내, 인구 과밀 탓에 이곳은 수도(파리)에서 비위생적인 지구 중 하나다.'

몇몇 귀중한 자료가 보여주듯, 당시 프랑스 농민층의 삶은 도시 노동자 계층과 유사하거나 더 나빴다. 1837년 출간된 한 박사 논문에 다음 장면이 등장한다.[10] '사람들은 동물의 여물과 농기구가 쌓인 누추한 방에서 요리한다. 방구석에는 돌로 된 개수대와 침대가 있고, 다른 쪽에는 옷가지와 소금을 뿌린 고깃덩이가 걸렸다. 같은 방에서 치즈와 빵 반죽을 발효한다. 가축도 이 방에 들어올 때가 있지만, 실내에서 여물을 먹지는 않는다. 굴뚝은 너무 넓고 짧아 바깥의 냉기가 실내로 들어온다. 이 지독한 공간이 한 농부 가족의 보금자리다.'

---

9   *Compte rendu des travaux de la commission sanitaire du quartier de l'Hôtel de Ville, depuis son institution jusqu'à l'invasion du choléra-morbus, et depuis cette époque jusqu'au 30 septembre 1832*, 1832, R.-H. Guerrand, *op. cit.*에서 재인용.

10  H. Bon, *Recherches hygiéniques sur les habitants de la campagne de la commune de Lacune*, 1837, R.-H. Guerrand, *op. cit.*에서 재인용.

19세기 내내 숱한 의사와 박애주의자, 사상가는 서민층의 '오소리 굴' 같은 주거 환경을 규탄했다. 노동자 계층의 비참한 삶은 당대 의식 있는 지성인, 위생학과 사회적 진보의 신봉자를 동요케 했다. 그들은 정부의 행동을 촉구했다. 열악한 주거 현실과 콜레라 재발의 두려움 앞에서, 1849년 5월 수립된 새 의회는 1850년 4월 13일 비위생적 주택의 근절을 위한 법률을 발효했다.


## 2. 비위생적 주택과 전쟁

　서민층 주택 개선을 위한 법률적 노력은 프랑스 의회 내 보수 성향 가톨릭 사회주의자들에게서 처음 나왔다. 아르망 드믈룅Armand de Melun 자작이 포문을 열었다. 파리에서 변호사로 일하던 그는 여러 자선사업에 관여했다. 1845년 《Les Annales de la charité자선 연보》를 창간하고, 이는 2년 뒤 자선경제협회 창설로 이어졌다. 1849년 일레빌렌Ille-et-Vilaine 지역구 하원 의원에 선출되고, 그해 7월부터 노르Nord 지역구 하원 의원으로 선출된 쌍둥이 형과 함께 주택 정화와 비위생적 주택 철거를 골자로 하는 법안을 발의하기 시작했다. 그는 부유층의 자선만으로 주택문제 해결이 불가능하며, 공권력의 개입이 필요하다고 역설했다. 그러나 사유재산권과 시장 논리를 옹호하는 세력의 심기를 건드려선 안 됐기에, 주택 정화와 불결한 주택 퇴출 법안을 요령 있게 상정해야 했다. 그의 주장은 크게 두 가지다. 첫째, 거주자를 서서히 죽이는 비위생적 건물을 부수고, 붕괴 위험이 있는 주택은 법에 따라 철거해야 한다. 둘째, 개별 지자체(그는 국가라는 단어를 쓰지 않았다)가 비위생적 주택을 철거할 수 없다면, 최소한 상한 식료품을 파기하거나 선적을 금지할 수 있어야 한다.

드믈렁 형제는 끈질긴 노력으로 반대자들을 물리치고, 1850년 4월 13일에 큰 어려움 없이 법안을 통과시켰다. '법안의 조치는 신중하고 기독교적이며 진보적이면서 보수적'이었다.[11] 사실 이 법안에 혁명적인 점은 없었다. 핵심은 개별 지자체가 필요하다고 선포한 경우, 임차인을 둔 비위생적 주택을 감시할 주거정화위원회를 지정해야 한다는 권고였다. '비위생insalubrité'이란 개념도 의도적으로 애매하게 정의했다. '비위생적 주택이란 거주자의 삶과 건강에 피해를 끼칠 수 있는 주택이다.' 여기에서 주거정화위원회는 비위생적 주택의 건물주에게

---

11   R.-H. Guerrand, *op. cit.*

주거 정화를 요구하고, 이행하지 않으면 벌금을 부과할 수 있었다. 19세기 중반, 건물주가 대부분이던 각 지역 유지는 법안 적용에 적극적이지 않았다. 정부가 독촉해도 주거정화위원회를 조직한 지자체가 드물었다. 1858년 43개 주에서 520개 위원회가 조직됐으나, 1882년에 이르면 5개로 줄었다.

보수 성향의 법안이라 실질적 효력은 적었지만, 드플룅 형제의 입법 노력은 프랑스 사회주택 법제를 정비하는 출발점이었다. 이런 법안이 제대로 적용되기까지 반세기가 더 필요했다. 같은 시기에 서민층의 주거 조건 개선을 위한 개인과 민간 차원의 노력도 전개됐다.

## 3. 노동자 주택 공급을 위한 개인과 민간 차원의 노력

노동자 가정을 위한 주택 공급은 당시 지역 유지, 정치인, 사회사상가의 근심거리였다. 1850년 드플룅 형제의 주택법이 통과된 뒤에도 상황은 마찬가지였다. 당시 논쟁거리는 '주택문제에 국가가 개입할 권한이 있는가'라는 물음 외에 두 가지였다. 첫째, 노동자 계층에 어떤 주택 형태를 공급하는 게 바람직한지 결정해야 했다. 개인 빌라 형태인가, 여러 세대가 함께 사는 주거 단지인가? 둘째, 서민층을 임차인에서 주택 소유주로 승격해야 하는가?

여러 지역 유지와 정치인은 노동자 계층을 도시 한가운데 거주시키는 안은 반대했다. 도시 질서에 위협이 될 테고, 근본적 문제 해결은 노동자 가정의 개별 주택 소유라는 의견이 우세했기 때문이다. 철학자이자 정치가 쥘 쉬몽Jules Simon[12]은 《L'ouvrière여공》에서, 서민층의 빈곤을 없애려면 그들이 독립된 가옥에서 가족과 더불어 사는 행복을 경험해야 한다고 했다. 노동자의 주택 취득 장려가 가장 효율적이고 현실적인 방안이라는 것이다.

한편 기업주는 경제 논리에 따라 노동자를 일터 가까운 곳에 거주시키는 안에 찬성했다. 공장까지 출퇴근 거리가 짧으면 피로가 줄고, 시간 엄수는 물론 노동 효율도 높일 수 있었다. 그 밖에 노동자를 통제하거나 기업에 충성심을 높이는 데도 수월했다.

이런 논쟁 결과 여러 입장을 절충한 몇 가지 사업이 추진됐는데, 여기에서 세 가지만 살펴보려 한다. 첫째, 나폴레옹 3세가 추진한 '파리, 로쉬슈아르 가의 노동자 주거 지구'로 흔히 '시테 나폴레옹Cité Napoléon'이라 불린

---

12    R.-H. Guerrand, *op. cit.*에서 재인용.

다. 둘째, 푸리에를 신봉하던 기업가 고댕이 구상하고 건설한 '가족제 조합 공동주택'으로 프랑스 북부 엔Aisne 지방의 기스Guise에 있다. 셋째, 초콜릿 공장 경영주이자 박애주의자, 온정주의자인 메니에Émile-Justin Menier가 건설한 '시테 메니에Cité Menier'로 파리 동부 누아지엘Noisiel에 있다.

### 시테 나폴레옹

노동자 집단주택이 '성적 방종'[13]의 소굴이 되리라는 비판이 거셌지만, 나폴레옹 3세는 두 가지 이유에서 이 계획을 밀어붙였다. 첫째, 사회적 빈곤을 퇴치할 필요가 있었다. 둘째, 1848년 혁명 진압 후 노동자 계층과 기업주를 화합시킬 필요가 있었다. 그래서 요즘으로 말하면 선거용 포퓰리즘이라고 할 법한 정치적 기회주의에 의지해 공화정 대통령 시절부터 노동자 주택 건설을 열렬히 지지했다. 나폴레옹 3세는 1849년 창설된 파리노동자주거협회에 5만 프랑을 지원했다. 협회는 파리 12개 구에 노동자 집단주택 12동을 지어 시가보다 저렴하게 임

---

13  Docteur Villermé, in *Journal des économistes* (t. XXVI), 15 avril 1850, *Sur les cités ouvrières*, R.-H. Guerrand, *op. cit.*에서 재인용.

대할 계획이었다. 그러나 충분한 자금을 모으지 못해 지금은 당시의 파리 2구(현재 9구), 로쉬슈아르 가에 지은 주거동 하나만 남았다. 이 계획은 사회적 야심이나 건축 기법, 모더니티를 구현한 점에서 매우 흥미롭다.

1849년에 착공해 1853년 완성된 주거 단지는 건축가 부니Marie-Gabriel Veugny의 작품이다. 부엌이 딸린 방 두 개 짜리 주택 200채로 구성된 단지는 거리의 다른 건축물과 최대한 조화롭게 설계했다. 푸리에의 집단주택에서 영감을 얻어 당대 최고의 영국식 건축 기술을 적용한 주택은 환기가 잘되고, 부엌 화덕을 이용한 난방이 가능했다. 개별 주택은 수목이 우거진 중정을 둘러싸고 있었으며, 이 중정에는 소형 식수대와 분수대, 가스등을 설치했다. 정원을 둘러싼 지상층에는 상점, 아틀리에, 각종 공용 시설(세탁실과 건조실, 목욕탕, 어머니가 일하는 동안 아이를 맡아줄 보호시설, 초등학교와 무료 보건소 등)이 있었다.

주거 단지 내부는 모든 주택에 빛이 들고 환기가 잘되도록 설계했다. 유리 벽으로 둘러싼 안뜰이 있고, 널찍한 계단은 주택 내부로 진입하는 긴 회랑과 닿았다. 층마다 식수원, 개수대, 화장실도 있었다.

이 집단주택은 당대에 유행하던 오스만Baron Georges-

Eugène Haussmann* 양식의 부르주아 주택과 형태 면에서 완전히 다르고, 노동자 계층을 위한 주거 공간뿐만 아니라 새로운 생활양식의 원형을 제안하고자 했다. 시테 나폴레옹에는 당대의 위생학과 사회철학,[14] 유토피아적 사상, 특히 푸리에와 콩시데랑의 집단주택에서 영감을 얻은 숱한 건축적 · 사회학적 · 철학적 개념이 녹아들었다.

## 고댕의 가족제 조합 공동주택[15]

1817년 엔 지방의 서민 집안에서 태어난 고댕은 18세 되던 해, 열쇠공 도제 과정을 마치고 프랑스를 일주했다. 그는 2년간 여행하면서 노동자 계층의 불안정한 삶을 목격하고 개선책이 절실하다고 느꼈다. 몇 년 뒤 난

---

* 파리의 도시 미화, 도로 계획, 공익사업 등을 추진한 프랑스 행정관.

14 예를 들어 역사학자 바블롱(Jean-Pierre Babelon)에 따르면, 시테 나폴레옹의 문지기는 100여 개 조항으로 된 엄격한 법령에 따라 출입을 관리했다. 밤 10시 이후에는 주거동 진입을 금지하고, 중정이나 계단에 아이들을 너무 오래 둬서도 안 됐다. 《Cent ans d'habitat social. Une utopie réaliste프랑스 사회주택 100년사 : 현실주의적 유토피아》(1989)를 쓴 퀼리오(Roger Quilliot)와 게랑은 시테 나폴레옹을 '유토피아와 도덕적 질서의 만남'이라고 묘사한다.

15 고댕과 그의 업적에 대해서는 많은 저작이 있다. 훌륭한 저서로 파코(Thierry Paquot)가 편집한 《Le Familistère Godin à Guise. Habiter l'utopie 고댕의 가족제 조합 공동주택 : 유토피아를 살다》(Éditions de La Villette, 1982)가 있다.

방 기구를 제작하는 데 주철 대신 철을 활용하는 아이디어로 장인 직위를 얻고, 회사를 창설했다. 1846년 기스에서 시작한 고댕의 회사는 정치적 · 경제적 · 개인사적 시련에도 놀라운 성공을 거뒀다. 1846년 30여 명이던 직원이 1857년 330명, 1880년 1500명으로 늘었다.

고댕은 탁월한 경영주이자 푸리에의 영향을 받은 사회주의 운동가, 1870~1883년 엔의 시의원과 1871~1876년 프랑스 의회 하원 의원을 역임한 정치가다. 《Solutions sociales사회적 해결책》(1871), 《La République du Travail Et la Réforme Parlementaire노동 공화국과 의회 개혁》(1889) 등을 저술한 이론가이자, 가족제 조합 공동주택을 건설해 조합 제도를 되살린 실용주의적 사상가다. 그도 샤를 푸리에처럼 조합적 공동체가 인간을 행복하게 만든다고 보고, 가족제 생산협동조합Association du familistère과 협회 운동에 헌신했다. 고댕의 공동주택은 당대 유토피아주의자와 생시몽주의자, 차티스트운동 지지자, 프랑스 사회주의자, 1848년 혁명주의자 사상의 총합이며, 우애와 의무의 원리를 기반으로 한 철학적 · 정치적 · 사회적 절충주의의 산물이다.

고댕은 1856~1882년 대지 20ha에 방이 최대 두 개인 주택 700채 규모의 주거 단지를 조성했다. 그는 노동자의 안락한 주택을 짓기 위해 과거의 여러 프로젝트를 참조했다. 건축가이자 조합주의자 칼랑Victor Calland의 가족 주거 단지와 푸리에의 팔랑스테르에서 영감을 얻었다. 특히 팔랑스테르의 공간 구성을 모방해 중앙에 사각형 건물, 측면에 직사각형 건물 두 채를 두어 ㄷ자 모양으로 만들고 교회는 없앴다.

각 건물은 지하층, 1층, 지상 3층, 지붕 아래 다락 공간으로 구성했다. ㄷ자 건물의 중정은 트인 앞쪽을 제외하고, 세 건물의 지붕 높이에 유리 지붕을 올렸다. 시테 나폴레옹처럼 중정 쪽으로 층마다 주택 내부로 이어지는 회랑이 있었다. 이 회랑 사이에 각 건물을 연결하는 커다란 계단이 있고, 기타 편의 시설과 만남의 장소(분수, 화장실, 쓰레기 처리장)가 있었다. 주민의 연대와 우애, 가족 간 친목용 공간이었다.

공동 식탁과 식당을 도입해 '탈脫가족' 공간을 중시한 푸리에와 달리, 고댕은 가족을 중시했다. 그래서 주거 단지 이름도 '가족제 조합 공동주택'이다. 사실 이 설계안의 중심축은 가족이다. 예를 들어 유리로 지붕을 올린 중정과 회랑은 가족을 위한 윤리 교육의 장이었는데, 아이들을 통해 부모의 교화까지 목표로 했다.

고댕은 이 주거 계획에서 주민의 윤리성 함양과 교육, 연대와 소통의 원리뿐만 아니라 당대 위생학자의 조언도 충실히 반영했다. 주택과 건물의 환기가 잘되게 신경

쓰고, 모든 주택에 빛이 들게 했다. 바닥 타일 마감과 방화 장치로 화재를 예방하고, 모든 교통수단의 주거동 진입을 금지해 사고 방지를 꾀했다.

고댕은 노동자가 다양한 '문화와 여유'도 맛보길 원했다. 주거동 옆에 초등학교, 극장(900석), 수영장, 세탁실, 도서관, 육아실 겸 탁아소, 매점, 식료품점, 정육점, 빵집, 작은 술집, 식당 등 다양한 편의 시설과 문화시설을 지었다.

공동주택 주변에는 질병과 노환, 근로 사고에 대비한 신용금고를 설치하고, 공장노동자를 위한 직업훈련 시설, 여가를 위한 각종 동호회(스포츠, 문화, 예술) 시설을 마련했다. 프랑스에서 5월 초 노동절을 처음 주창한 이도 고댕이다.

고댕의 사회 활동은 이에 그치지 않았다. 그는 망설인 끝에 1880년, 노동자의 기업 수익 공유 시스템을 마련했다. 더 나아가 노동자가 기업의 경영에도 관심을 두기 바랐다. 그 결과물이 기업 수익 공유제를 기반으로 한 가족제 생산협동조합이다. 여기에서는 복잡하고 기발한 주주 시스템에 따라 기업의 자산이 점진적으로 노동자에게 이전됐다. 자본가와 노동자가 모두 지분을 보유한 이 생산협동조합은 한 대기업이 인수한 1968년까지 살아남았다. 고댕은 이 생산협동조합의 마지막 기틀을 닦고 1888년 사망했다.

기스에 가족제 조합 공동주택을 건설한 고댕은 노동자 주거 계획의 선구자다. 그의 주거 단지는 당대의 많은 부르주아 주택에도 없던 편의 시설과 문화시설을 갖춘 안락한 주거 공간을 제공했다. 그의 사업은 주택 영역에 국한되지 않았다. 고댕은 냉혹한 개인주의로 귀결되는 애덤 스미스식 자유주의에 맞서 싸웠고, 평화적 방식으로 '협동조합주의'가 프랑스에 안착할 수 있도록 노력했다.

### 시테 메니에[16]

시테 메니에는 19세기 후반에 초콜릿 사업으로 큰 부를 축적한 메니에의 사업이다. 파리 동부 센에마른Seine-et-Marne 근처 누아지엘에 있는 메니에의 초콜릿 공장은 1893년 시카고Chicago 만국박람회에서 '세계 최초 초콜릿 공장'으로 소개될 만큼 유명했고, 당시 전 세계 초콜릿 시장의 50%를 점유할 정도로 호황을 누렸다.

메니에는 당대 경제적·사회적 문제에 관심이 많았

---

16 현재 문화유산으로 지정된 메니에 초콜릿 공장과 노동자 주거 단지에 대한 묘사는 다음을 참조했다. *Noisiel, la chocolaterie Menier,* Images du patrimoine, 120, 1994.

고, 지역공동체의 후원자이자 보호자를 꿈꾼 기업가다. 이 온정주의 철학이 그가 한 모든 활동의 뿌리에 있다. 메니에는 고용에서도 노동자의 삶을 중시했다. 높은 급여를 보장하고, 여성 노동자에게 야근을 금지하며, 무료 의약품을 제공하는 등 복지 중심 경영을 펼쳤다. 1874년에 시작한 노동자 주거 단지 조성도 비슷한 맥락의 사업이다. 공화파 기업가 메니에는 이 프로젝트를 통해 사회적 실천가로 변모했다. 시테 메니에는 앞서 소개한 두 '유토피아적 주거 단지'와 동시대 사업이다. 파리코뮌*의 열기가 가시지 않은 1874년, 메니에는 누아지엘 주거 단지 건설을 통해 '미래 문명'에 자신의 비전과 신념을 구현하려 했다. 그는 공제조합과 협동조합 운동에 심취한 열정적 공화주의자로서 부르주아계급과 노동자계급이 화해할 수 있다고 믿었다.

메니에도 고댕처럼 주택 소유가 노동자의 교화와 구원을 보장한다고 여기지 않았다. 그래서 당대 영국과 독일, 프랑스의 훌륭한 임대주택 사업을 연구하고, 입주를 희망하는 노동자들과 상의한 끝에 시테 메니에를 구상했다.

---

\* 1871년 파리에서 노동자계급이 세운 사회주의 자치 정부.

다소 고립된 시골에 있는 이 주거 단지는 널찍하고 편안한 2층짜리 개인 주택으로 구성된다. 개별 주택 1층에는 방 하나와 화덕, 개수대가 딸린 부엌이 있고, 2층에는 방이 두 개 있었다. 그 외에 다락방, 지하실, 400m²(약 120평) 정원, 창고 하나와 이동식 화장실이 있었다. 모든 방에는 마루가 있고, 부엌에는 타일을 깔았으며, 주택마다 굴뚝과 붙박이장, 덧창을 달았다. 주택 앞 보도의 우물이 식수를 공급했다. 각 가정의 프라이버시를 위해 주택 출입구는 도로와 면하지 않고 뒤쪽 안뜰과 연결했다. 공공 공간도 세심하게 조성하고, 거리에는 인도와 가로수, 하수구를 설치했다.

주택 근처에는 다양한 공동 편의 시설을 마련했다. 그 목록을 보면 메니에는 아무것도 빠뜨리지 않은 듯싶다. 생필품 공급을 위한 협동조합, 누아지엘 인근 주민을 위한 식당, 미혼자를 위한 호텔 겸 레스토랑 두 곳, 주민 모임방과 도서관, 공동 세탁장, 목욕탕, 초등학교, 탁아소, 양로원. 메니에의 온정주의 철학은 이 주거 단지 운영에서도 빛을 발했다. 청년기부터 은퇴 시까지 입주자의 거주와 생활에 드는 비용을 기업이 책임졌기 때문이다.

민간 차원 노동자 주택 사업인 고댕과 메니에의 프로젝트는 드문 사례지만, 당시 대중에게 유명했다. 1867년 만국박람회나 1893년 출간된 엑토르 말로Hector Malot의

《집 없는 아이En famille》에 소개되기도 했다. 두 프로젝트는 어떤 의미에서 뒷날 저가임대주택 단지의 원형이라 할 수 있는 여러 공동 주거 단지의 모델이 됐다. 예를 들어 마르세유Marseille의 위생적저가임대주택협회가 건설한 '외젠 로스탕Eugène Rostand' 주거 단지, 루앙Rouen의 SA 소형주택토지회사가 지은 공동주택이 그 예다. 파리에서는 1880년대 말, (3장에 언급할) 법률가 조르주 피코Georges Picot의 기획 아래 파리박애주의자협회가 건축가 샤브롤Wilbrod Chabrol을 고용해 잔다르크Jeanne-d'Arc 가, 그레넬Grenelle 대로, 생망데Saint-Mandé 거리의 여러 공동주택을 지었다.

19세기 말에는 많은 땅임자와 자유주의경제 신봉자가 노동자 계층의 주택 건설에 국가나 개별 지자체가 개입하는 것을 반대했다. 그런데도 개인이나 민간 차원 노동자 주거 단지 조성과 그런 시도가 정치계에 불러일으킨 논쟁은 개인의 주거권이 사회적 진보와 통합의 척도임을 일깨웠다. 느리게나마 빈곤층뿐만 아니라 다양한 직업 종사자와 계층의 주거 문제에 공권력의 개입이 필요하다는 관점을 퍼뜨리는 계기가 됐다.

19세기 후반에 사회주택 운동은 탄력을 받아 수많은 지지자가 생겼다. 1889년 프랑스혁명 100주년 기념 만국박람회에서 1회 세계서민주택회의가 열렸고, 사회주

택에 관한 이념적 토대를 논의했다. 이런 노력으로 그
해 12월, 프랑스에 서민주택협회HBM가 창설됐다. 협회
가 처음으로 맞닥뜨린 과제는 정부와 입법기관의 협조
를 끌어낼 방법이었다.

# 3

## 서민주택 :
## 입법부와 건축가의 고민

프랑스에서 사회주택 관련 법률은 1차 세계대전 직전에 제정했다. 네 가지 중요한 법안은 지그프리드 법La loi Siegfried(1894년), 스트로스 법La loi Strauss(1906년), 리보 법La loi Ribot(1908년), 본네바이 법La loi Bonnevay(1912년)이다. 명칭은 전부 발의자 이름에서 따왔다.

## 1. 지그프리드 법 : 주요 원칙을 천명하다

1880~1890년대에 유럽 전역에서 사회주택 건설을 지지하는 움직임이 일었다. 1889년 벨기에, 1890년 영국에서 관련 법안이 통과됐다. 프랑스에서는 (2장에 소개한) 몇몇 선구자의 사회적 이상이 지그프리드Jules Siegfried와 피코 덕분에 입법화할 수 있었다. 기업가 지그프리드는 프랑스 정치계 한복판에 있던 인물로, 르아브르Le Havre 시장과 하원 의원을 역임했다. 개신교도이자 공화제적 민주주의자, 사회문제에 관심이 많은 박애주의자로, 그가 한 모든 활동에서 기독교적 자선과 온정주의 철학이 배어난다. 알자스Alsace 출신인 지그프리드는 1862년 르아브르에 정착해 목화솜 도매상인으로 일했고, 주택으로 들어가는 지붕식 회랑을 제작하는 회사를 운영했다. 그

는 사회운동가로서 1892~1893년 프랑스 산업경제부 장관을 맡았다.

지그프리드의 동료 피코는 역사학에 매료된 법관이자, 사회주의에 반대하는 보수주의자다. 그는 르루아볼리외Pierre Paul Leroy-Beaulieu\*처럼 민간 차원의 노력으로도 산업혁명이 야기한 사회적 문제를 해결하기에 충분하다고 믿었다. 그러나 피코는 이념적 지향과 상관없이 위생적 주택 보급을 위해 투쟁했고, 슬럼화된 주거지를 맹렬히 비판했다. 르플레Pierre Guillaume Frédéric le Play\*\*의 제자인 그는 주택 소유가 노동자 계층의 도덕적 교화에 도움이 된다고 믿었지만, 1890년대 초반부터 이 견해에서 멀어졌다. 피코는 주택문제에 깊이 관여하면서 1889년 서민주택협회 창설에 이바지했다.

지그프리드와 피코는 사회주의와는 거리를 뒀지만, 사회정의 실현에 관심이 많았다. 이들은 개인의 주택 소유권을 침해하지 않는 선에서 서민주택 건설의 긴

---

\*    프랑스의 경제학자이자 에세이스트(1843~1916년). 자유주의경제를 지지했지만, 프랑스의 노동자 급여체계와 지방행정, 여성 노동에 대한 비판적인 글을 썼다.
\*\*  프랑스의 광산공학자이자 정치가, 사회 개혁가(1806~1882년). 기독교적 가치와 가족을 중시하는 보수적 인물로, 노동자 계층(특히 광부) 삶의 조건에 관심이 많았다. 프랑스 사회학과 정치계 전반에도 큰 발자취를 남겼다.

급함과 필요성을 호소하는 법안을 준비했다. 1892년 3월 5일에 발의한 법안은 즉각 상원의 반발에 부딪혔다. 특히 서민주택 건설을 희망하는 기업이 여러 저축은행과 공공 예금 공탁 금고의 재정을 지원받을 수 있다는 조항이 문제가 됐다. 법안은 2년 이상 이어진 실랑이 끝에 1894년 11월 30일 채택·발효했다.

얼핏 보기에는 서민주택 건설을 장려하는 듯하지만, 지그프리드 법은 기실 별장식 주택과 부동산 취득에 열을 올리던 부유한 사람들의 신경을 거스르지 않을 만한 내용이었다. 건물주에게 이로운 조항, 특히 직접세 면제(예를 들어 토지세 3년 면제)나 가장 사망 시 연부 상환금 종료를 보장하는 보험 신설 등이다. 민간 서민주택 사업에 우선권을 주다 보니 각 지자체의 서민주택협회 설립도 의무는 아니었다. 급여소득만으로 생활하는 집 없는 노동자를 위한 위생적 주택 건설을 책임질 단체 말이다.

그래도 법안의 몇몇 조항은 대단히 흥미롭고 신선하다. 특히 서민주택 개발 업체를 위한 면세, 여러 자선단체(복지 관련 부서, 국립의료원이나 일반 병원, 예금 공탁 금고)가 일부 자산과 기금을 서민주택 건설에 출자할 수 있게 한 점이 돋보인다.

1903년 개인이나 민간 주도 사업을 신봉하는 이들, 특히 피코 본인이 지그프리드 법의 실패를 자인했다. '개인이나 민간에 맡긴 96개 서민주택협회 가운데 25개만 적극적으로 활동했다.'[1] 8년간 109개 민간 서민주택협회(혹은 협동조합)가 건설한 주택은 1360채에 불과했다.[2] 당시 500여 개 서민주택협회가 활동하던 독일에 비하면 훨씬 뒤처진 수치다.[3]


## 2. 스트로스 법 : 의무 조항을 신설하다

20세기 초 지그프리드 법을 제정한 뒤에도 수백만 서민 가정의 주거권은 크게 나아지지 않았다. 1906년 프랑스 인구총조사 당시 주거 현황은 다음과 같다. 콩카르노Concarneau* 주민은 60%가 단칸방에 살았고, 푸제르

---

1   J. Challamel, "Rapport sur les travaux des comités locaux de HBM en 1903", *Bulletin de la Societe française des HBM,* 1, 1904.; R.-H. Guerrand, *op. cit.*에서 재인용.

2   E. Cheysson, "Rapport pour le Conseil supérieur des HBM", *Bulletin de la Societe française des HBM,* 1, 1904.; R.-H. Guerrand, *op. cit.*에서 재인용.

3   G. Blondel, "Le Congrès des HBM et le Congrès des assurances sociales à Düsseldorf", *Réforme sociale,* 16, 1902.; R.-H. Guerrand, *op. cit.*에서 재인용.

*   프랑스 서부 브르타뉴(Bretagne) 해안의 소도시.

Fougères\* 48%, 브레스트Brest\*\* 42%였다. 파리에서는 조사관이 방문한 405개 건물에 '주민 1419명이 빛도 없고 환기가 잘 안 되며, 개축조차 불가능한 좁은 공간에 살았다.'[4] 주택에는 대부분 화장실이 없고, 식수도 구하기 어려웠다(예를 들어 푸제르는 전체 주택의 1%, 릴\*\*\*은 약 5%만 실내 화장실이 있었다). 이렇듯 민간 차원의 주거 문제 해결이 실패로 돌아가자, 1894년 발표한 지그프리드 법을 대폭 수정·보완한 새로운 주택법을 발의했다.

저널리스트 출신 폴 스트로스Paul Strauss는 급진적 사회주의자다. 파리 시의원, 센Seine 지역구 상원 의원, 1차 세계대전 후에는 보건위생부 장관을 역임했다. 1897년 《Revue philanthropique박애》를 창간한 그는 특정 종교에 기대지 않고 아픈 노인을 위한 의료 지원, 어머니와 아이들의 권리 보호, 서민층 주거권 개선 등을 위해 싸웠다. 특히 주택문제에서는 공권력의 권한 확대를 요구

---

\* 프랑스 서부 렌(Rennes) 근처의 소도시.

\*\* 프랑스 북서부의 큰 항구도시.

4 *Rapport au préfet de la Seine sur les enquêtes effectuées en 1906 dans les maisons signalées comme foyers de tuberculose,* 1907, Archives nationales, AD XIX T 165.; R.-H. Guerrand, *op. cit.*에서 재인용.

\*\*\* 프랑스 북부, 벨기에 국경 인근의 대도시.

하는 법안을 발의해 1906년 4월 12일 통과시켰다.

스트로스 법 이후 프랑스의 개별 주에서는 의무적으로 서민주택협회를 신설해야 했다. 그 밖에 크고 작은 개별 지자체가 보유한 일부 자산을 토지 증여, 대출, 기부금, 기타 활동 형식으로 서민주택협회에 지원할 수 있게 됐다.


## 3. 리보 법 : 노동자 가정에 주택과 토지를 보장하다

파드칼레Pas-de-Calais 지역구 하원 의원이자 '보수적 공화주의자'를 자처한 알렉상드르 리보Alexandre Ribot는 1914년 재정부 장관, 1917년 총리를 역임했다. 그는 모든 급여 노동자가 자기 집을 가져야 한다고 믿었으며, 1908년 정치적 노선이 다른 상·하원 의원을 모두 설득한 법안을 발의했다. 그해 4월 10일, 만장일치로 통과된 법률의 목적은 노동자 가정의 주택 소유 장려다. '우리는 가난한 이웃이 가구당 주택 하나를 가지기 바란다. 입법부는 공공 위생과 프랑스 민족의 미래뿐 아니라, 사회의 도덕적 진보와 노동자 계층의 평안을 위해서도 이 조치가 필요함을 인정했다.'

리보 법 이후 각종 자선단체와 지역단체, 저축은행

의 재정을 지원받을 수 있는 부동산 금융회사가 여럿 생겼다. 이런 회사는 자금이 충분하지 않은 개인이 주택을 취득·건설하거나, 개별 가정이 경작용 밭이나 정원 1ha를 구매할 때 필요한 자금의 80%를 대출할 수 있었다. 두 번째 조항 덕분에 '노동자의 텃밭'이 법적으로 인정받게 됐다. 여기에는 사회참여적 가톨릭교회의 전통 안에서 '대지주의' 운동을 주창한 쥘 르미르Jules Auguste Lemire 신부의 영향이 컸다.

르미르 신부는 프랑스 북부의 소도시 아즈브루크 Hazebrouck에서 15년간 철학과 수사학, 라틴어를 가르치다가 1893년 프랑스 의회에 입성했다. 그 후 일곱 차례 재선에 성공하며 '프랑스에서 가장 유명한 신부'[5]가 됐다. 그는 하원 의원으로 활동한 35년간 주로 가정·사회복지 분야에서 활약했다. 1906년 주 1회 휴일 제도, 1910년 노인과 장애인을 위한 연금제도를 발의했다. 가장 큰 관심사는 가족의 보호로, 노동과 육아를 병행하는 어머니는 휴직시키고 국가가 급여 대신 보조금을 지급해야 한다고 주장했다.

---

5    M. Decamps, G. Louchart, "L'abbé Lemire : fondateur, animateur et président de la Ligue du coin de terre et du foyer", in B. Cabedoce, P. Pierson (dir.), *Cent ans d'histoire des jardins ouvriers*, Créaphis, 1996.

르미르 신부는 서민주택을 열렬히 지지했다. 서민주택협회(아즈브루크 부동산 금융회사와 서민주택협회)를 지원하는 한편, '대지주의' 사업을 실현하고 '노동자의 텃밭'을 제도화하기 위해 1897년 (노동자 가구를 위한) 주택토지보유장려연합Ligue du coin de terre et du foyer, LCTF을 창설했다. 이 단체의 목적은 분명하다. '(노동자 가구가) 가정의 튼튼한 기초가 될 집 한 채와 약간의 땅을 보유할 수 있도록, 모든 수단을 동원해서 합법적 조치를 연구 · 보급 · 실현할 것.'

르미르 신부는 '노동자의 텃밭'을 제도화하기 위해 싸우면서 르플레의 사상을 참조했다. 그는 《La Réforme sociale사회 개혁》 저자에게서 가족의 개념과 가정 파괴의 위험성을 배웠다. 르미르 신부가 이 사상적 토대로 발전시킨 핵심 가치는 대지의 신성함, 부부의 미덕, 공장 노동에 대비되는 대지 노동의 소중함 등이다.[6]

프랑스의 서민주택협회와 주택토지보유장려연합은 창설 시기, 철학, 목표에서 유사점이 많다. 가족의 재건과 개인의 윤리성 함양을 중시하고, 사회주의와 거리를

---

6   J.-M. Mayeur, *L'Abbé Lemire et le Terrianisme,* in B. Cabedoce, P. Pierson, *op. cit.*

둔 점에서 두 단체의 이념적 기반은 거의 동일하다. 두 단체 모두 서민 계층이 집 한 채와 땅 한 뼘을 누릴 수 있기를 바랐다. 주택토지보유장려연합의 설립 취지는 다음과 같다. '근면하고 정직한 모든 노동자 가정이 얼마간 경작용 땅과 깨끗한 주택을 최대한 누리도록 하며' '노동자 서민주택 건설을 담당하는 협회를 지원할 것'. 끝으로 리보 법은 서민주택협회뿐만 아니라 주택토지보유장려연합도 각종 저축은행과 공공 예금 공탁 기금에서 대출할 권리를 부여했다.


## 4. 본네바이 법 : 국가의 의무를 묻다

1912년 12월 22일, 본네바이 법이 통과되며 서민주택 정책에 새 장이 열렸다. 법안 주창자 본네바이Laurent-Marie Benoît Bonnevay가 한 말처럼 그 후 '공권력은 사회주택 문제에 개입할 권리와 의무를 동시에' 가지게 됐다. 변호사 본네바이는 1900년 리옹 시의원에 당선됐고, 1902년에는 론Rhône 지역 하원 의원으로 의회에 입성했다. 급진적 공화주의자이자 박애주의자인 그는 서민주택 건설을 공권력의 책임과 의무 영역으로 돌려놨다.

이 법안의 골자는 각 지자체 산하 서민주택국(공공 부

서 혹은 협회) 신설이다. 이 부서는 청결한 사회주택의 계획과 건설, 관리, 종전 주택의 정화, 전원도시와 '노동자의 텃밭' 조성을 책임졌다. 지자체별 서민주택국은 국가자문위원회 시행령에 따라 공공 기관의 지위를 가지며, 서민주택 외에 세탁실과 공중목욕탕, 탁아소 같은 지역 공공시설을 건축할 권한도 부여받았다.

본네바이 법은 당시 세계서민주택회의에서 논의하던 주거 정책 방향(공권력의 주거 문제 개입을 지지)과 같은 노선을 택했다. 그러나 앞서 소개한 세 법안(지그프리드, 스트로스, 리보)의 방향과 결별한 것이었다. 본네바이는 민간의 노력만으로 주택문제를 해결하기 어렵다고 봤다. 이는 사회주의자의 입장, 특히 타협 없는 지방자치주의자 브루스Paul Brousse 박사의 견해와 유사했다.

1차 세계대전이 발발하기 직전, 본네바이 법이 만장일치로 통과되면서 서민층을 위한 주택정책에 근본적 혁신이 일어났다. 정통 자유주의자가 주장한 민간 주도설이 힘을 잃고 국가 개입설이 힘을 얻었다.

1913년 라로셸La Rochelle*에 공공 서민주택국이 처음 설립됐고, 몇 달 뒤인 1914년 1월 파리에도 생겼다. 그러

---

* 프랑스 서부, 대서양 연안의 해안 도시.

나 임박한 세계대전과 4년간 이어진 전쟁 탓에 이후 서
민주택국의 확장이나 노동자 주택 건설은 활발하지 못
했다. 1차 세계대전 이전에는 공권력이 서민주택 문제
에 거의 개입하지 않았지만, 르보디Lebaudy나 로스차일드
Rothschild 같은 몇몇 힘 있는 재단의 지원 아래 민간 차원
의 노력도 꾸준히 이어졌다.

여기에서 잠시, 로스차일드재단이 지원한 파리 12구
프라하Prague 가의 서민주택 프로젝트를 살펴보자. 이 프
로젝트는 숱한 건축가와 위생학자, 20세기 초 '사회적
예술' 신봉자의 노력이 결집한 공동주택 건축의 진정한
실험장이었다.


## 5. 사회주택에 봉사하는 예술

19세기 말에 등장한 사회적 예술art social은 초기부터 예
술의 실용적 효용을 중시했다. 열렬한 주창자는 에밀 갈
레Émile Gallé*의 친구인 낭시Nancy 출신 미술비평가 로제 마

———
\* 프랑스의 기업가, 예술가(1846~1904년). 프랑스 아르누보 운동의 선구자
  가운데 하나로 식물학에 심취했다. 가구와 도기, 유리공예 작품을 남겼다.

르크스Roger Marx와 앙리 카잘리스Henri Cazalis 박사가 있다. 이들은 영국의 직물 디자이너이자 시인, 소설가 윌리엄 모리스[7]의 사상에 심취했다. 모리스에 따르면 아름다움은 한 문화 전체의 표현으로, 노동자 계층에 도움이 될 때 의미가 있었다. '예술의 존재 이유는 민중의 존재 이유'[8]인데, 민중은 산업화한 노동조건에서 소외된 존재였다. 사회적 예술 신봉자는 유용한 아름다움과 민중을 위한 예술을 부르짖었다. 의사인 카잘리스는 아름다움의 토대는 건강과 청결이며, 위생학도 미학의 갈래일 수 있다고 주장했다. 현대 주택에 어울리는 가구류 제작에 매혹된 그는 사마리텐백화점La Samaritaine*을 설계한 프란시스 주르댕Francis Jourdain을 프로젝트에 끌어들였다. 주르댕은 엑토르 기마르Hector Guimard, 앙리 소바주Henri Sauvage와 함께 아름다움과 위생이 기반이 된 건축·도시계획으로 파리를 근대화해야 한다고 주장했다.

---

7  윌리엄 모리스(1834~1896년)의 정신적 스승은 작가 존 러스킨(1819~1900년)이다. 두 사람은 '현대 문명과 그 산물을 증오'했고, 테이블이나 그릇 같은 모든 일상적 사물을 재창조해야 한다고 믿었다. 모리스는 1862년 아무 기계도 쓰지 않는 아틀리에를 세웠고, 독창적인 스타일로 유명해졌다.

8  W. Morris, *Art and Socialism*, 1884, in *The Collected Works* (t. XXIII); F. Choay, *op. cit.*에서 재인용.

*  1870년 파리 1구에 문을 연 대형 백화점. 아르누보로 지었으며, 현재 프랑스 역사기념물로 지정됐다.

이 사조의 몇몇 작품이 파리에 있다. 예를 들어 1904년 위생적서민주택협회가 건설한 파리 13구 트레테뉴Trétaigne 가의 건물은 소바주가 설계했다. 이 작품은 공중목욕탕, 관리와 유지가 쉽게 마감한 공용 시설의 바닥과 벽, 당시 결핵의 최고 예방법으로 알려진 햇빛 치료를 위한 매달린 정원 등 유토피아적 사회주의자와 위생학자들이 제안한 노동자 주택의 구조를 모두 갖췄다.

로스차일드재단 건축 공모 수상작인 프라하 가의 공동주택도 사회적 예술 신봉자의 작품이다. '위생적이고 경제적인 이 소형 가옥'은 질 높은 서비스와 혜택 덕분에 '서민주택의 루브르Louvre'라 불렸고, 고댕의 가족제 조합 공동주택처럼 유명해졌다.

1909년에 문을 연 주택단지는 다채로운 주택 326채로 구성된다. 주택마다 방 4개와 가스등이 있고, 각 주택은 햇빛을 최대한 받도록 중정을 향했다. 공공시설은 세탁기가 있는 세탁장, 목욕탕, 유아용 보건소, 3~6세 아이를 위한 유치원, 방과 후 아동을 보살피는 탁아소, 가사학교école ménagère,* 간이음식점을 겸한 공동 부

---

* 1862~1972년 프랑스에서 운영된 학교. 소녀에게 집안일을 교육해 '좋은 아내'를 양성하고자 했다.

억이 있었다. 이 모든 시설은 싼값에 개방했는데, 입주민을 교육하는 외에 '서민층이 원하지만 접근 방법을 모르거나 잘못 알고 있는 물질적 풍요를 맛보게 할'[9] 목적에서다. 이 프로젝트의 야심은 서민주택 공급 차원을 넘어, 도시적 삶이 무엇인지 체험케 하는 공간의 창조였다.

1차 세계대전 발발 직전, 프랑스에서는 대규모 사회주택 정책을 실현하기 위한 여건이 마련됐다. 여러 법률을 제정하고, 몇몇 공동주택 프로젝트에서 새로운 도시적 삶의 요구에 발맞춘 위생적이고 안락하며 뛰어난 건축 작품이 탄생했다. 이런 시도는 노동자의 주거권을 둘러싼 사회적·정치적 논쟁에도 자극이 돼서, 더 우아한 해답을 모색하게 했다.

---

9  Extrait du programme de l'Alliance d'hygiène sociale; M.-J. Dumont에서 재인용. Le "Louvre" de l'habitat social, le modèle Rothschild, in R. Quilliot, R.-H. Guerrand, *op. cit.*

# 4

## 국가가 주도하는
## 사회주택 조성과 현대건축

# 1. 1차 세계대전의 영향과 결과[1]

1918년 11월에 끝난 1차 세계대전은 사회 전반에 큰 후유증을 남겼다. 전쟁이 프랑스 인구와 경제, 주거에 미친 영향을 살펴보자.

## 인구 감소

전후 프랑스의 전사자는 135만 명, 국가가 책임져야 할 상이군인은 110만 명이었다. 특히 시골 인구가 큰 타격을 받았다. 남성 농업 노동력 가운데 10%가 전쟁에서 사망했고, 그 결과 농작지 개간이 크게 줄었다. 1차 세계대전 기간에 영아 출산 감소 규모는 140만 명에 이른다. 이 출생률 감소로 1차 세계대전과 2차 세계대전 사이에 인구노령화가 진행됐다.

그런데도 1차 세계대전 직후 체계적인 출산 장려 정책은 없었다. 가족수당(보조금) 제도는 1932년에야 신설

---

1  '1. 1차 세계대전의 영향과 결과'의 통계는 다음 자료를 참조했다. J. Barou, *op. cit.*; de J.-P. Flamand, *op. cit.*; et du numéro hors série *d'HLM aujourd'hui*, "Un siècle d'habitat social: 100 ans de progrès", supplément au no 13, mai 1989.

됐다. 프랑스인은 맬서스식 생존 투쟁에 내몰렸고, 비싼 물가와 주거 공간 부족, 실업이 이를 더 악화시켰다. 노동 인력이 부족해 이민자에게 눈을 돌릴 수밖에 없었다. 1921~1931년 프랑스에서 증가한 인구의 75%인 195만 3000명이 이민자였다.

### 가족적 영세 농업

전쟁을 치른 4년간 프랑스 산업은 무기류 생산에 치중하다 보니, 주택이나 생필품 생산 설비는 발전하지 못했다. 그래서 두 분야의 공급이 턱없이 부족했다. 농업도 마찬가지여서 프랑스 국내 수요조차 충족할 수 없었다. 1950년대까지 프랑스 농업은 비非기계식, 자급자족식, 가족 단위 영세 농업 중심이었다. 1차 세계대전 이후 탈농촌 현상이 가속화하며 1919~1930년에 95만 명이 농촌을 떠났다.

### 지역별로 다른 전쟁 피해

1차 세계대전을 치르는 동안 프랑스에서 주택 40만 채가 전소했고, 수만 채는 크게 손상됐다. 피해는 시골 지역에 집중됐지만, 랭스Reims와 수아송Soissons, 아라스Arras 등 도시도 큰 타격을 받았다. 주로 군대가 전진·후퇴하는 경로에 있는 몇몇 지역, 특히 프랑스 동부와 북부의

10여 개 주가 황폐했다. 1차 세계대전은 지상전 중심이라 밭과 마을이 많이 파괴됐다. 도시계획가 마르셀 롱카욜로[2]가 지적하듯, 당시 땅임자와 임차인은 새로운 도시계획이나 토지의 재분배보다 전쟁 전 상태로 복원을 원했다. 이런 요구에 국가는 1919년 4월 법안을 제정, 전쟁에 따른 피해를 보상하겠다고 약속했다. 법안은 1914년 8월 자산 가치에 근거해 모든 피해민의 손실을 국가가 보상한다는 게 골자다. 수혜자가 보상금을 받아 옛 가옥이 있던 자리에 주택을 지을 경우, 추가 보조금도 지급했다.

얼핏 훌륭해 보이는 이 법안은 국민 통합과 국토 재정비에 상당한 지장을 초래했다. 먼저 수많은 소지주가 자신의 보상 권리를 몇몇 대지주나 토지회사에 몰래 팔아넘겼다. 그에 따른 토지 집중 현상은 사회적 스캔들이 됐다. '원래 위치에' 주택 재건축을 장려하다 보니 국가가 주도하는 일관된 토지 재정비와 구획, 재배치도 불가능했다. 토지 재정비와 재배치를 국가가 주도했다면 체계적인 국토 계획이 이뤄져 산업과 농업의 근대화에 도움이 됐을 것이다. 국가가 개인 단위 보상금을 분산 지

---

2    "La production de la ville", in G. Duby, *op. cit.*

급해 사회주택 정책을 실현할 예산도 없었다.

전후 인플레이션 상황에서 국가는 주택 임대료 문제에 개입했다. 의회는 지나친 임대료 상승을 막기 위해 1919년, 집세를 일정 비율 이상 올리지 못하게 했다. 그후 비슷한 조치가 뒤따랐다. 1924년 8월에는 임대료 동결, 1926년 2월에는 참전한 사람이 있는 가정에 집세를 유예할 권한이 주어졌다. 임대료 고정은 세입자에게 유리했지만 다음과 같은 부작용도 생겼다.

- 주택 신축에 쓰여야 할 자본이 수익가치가 훨씬 높은 산업과 금융 분야로 빠져나갔다.
- 여러 사립·민간 재단에서 노동자 주거 단지 건설 사업을 중단했다.
- 사립 주택 건물주가 주거 단지 내 공원을 방치하는 일이 많았다.

프랑스 정부는 주택 공급이 부족한 상황에도 거의 10년간 주거 문제에 진지하게 개입하지 않았다. 그 결과 프랑스 전역에 주택난이 발생한다.

## 2. 계속되는 유토피아적 주거 단지의 꿈

1914년 직전에 마련된 사회주택 법안에 힘입어 전후 몇몇 지자체가 사회주택 건설에 착수했다. 전후 주택난을 타개하기 위해 수많은 지자체가 공공 서민주택국도 창설했다. 그 수는 1920년 169개에서 1925년 294개로 늘었다. 여기에서는 론 주와 센 주의 흥미로운 사례를 살펴보자.

### 토니 가르니에와 '시테 인더스트리엘르'

빌뢰르반Villeurbanne 시는 1924년 독창적인 대규모 건축계획을 추진한다. 리옹 시 도심을 포함해 몇몇 지구의 재개발과 프랑스 최초의 마천루 건설이 포함된 사업이었다. 당시 리옹 시장 에두아르 에리오Édouard Herriot는 1928년, 건축가 토니 가르니에Tony Garnier에게 새 도시 지구('미합중국 지구') 계획을 의뢰했다. 가르니에에게는 1917년 '시테 인더스트리엘르cité industrielle' 설계안에서 야심 차게 선보인 건축·도시계획 개념을 실현할 기회였다.

1899년 건축 부문 로마대상을 받은 토니 가르니에가 설계한 이 작품은 약 3만 5000명을 수용할 공장노동자 주거 단지로, 당시 매우 전위적이었다. 이 주거 계획은 푸리에의 팔랑스테르와 사회주의사상을 기반으로 주민의 화합과 친목, 인간의 자아실현을 겨냥했다. 대학을 포함한 학교, 극장, 도서관, 경기장, 병원 등 문화생활과 도시적 삶을 누릴 다양한 공공시설을 갖추고, 여기저기에 녹지를 배치했다. 당시 위생학적 패러다임에서 절대로 빠져선 안 되는 신선한 공기와 햇빛을 즐길 공원도 있었다. 이 주거 단지는 도시계획 사조로 보면 '사려 깊은 기능주의'[3]의 산물이다. 주거지와 도로, 보도와 차도, 생산(노동) 공간과 주거지역 등 기능별 공간을 분리했기 때문이다. 대부분 주거 지구 깊숙이 침투한 녹지가 다양한 공간을 분리한다. 주거 지구 내부는 최대 4층의 공동주거동, 커다란 출입구와 정원식 옥상이 있는 소규모 개인 빌라가 조화롭게 섞여 있었다.

  푸리에와 고댕의 정신을 그대로 이어받은 이 주거 계획은 거푸집, 철근콘크리트, 강철 등 새로운 건축자재를 활용했다. 비록 처음 계획안의 일부만 실현됐지만, 이 공동주택은 도시적 삶과 공장 노동에서 생긴 새로운 문제에 대한 건축적 응답이기도 했다.

3    J.-P. Flamand, *op. cit.*

## 앙리 셀리에와 전원도시

1차 세계대전 후 센 시 서민주택국은 앙리 셀리에Henri Sellier 국장의 주도로 야심 찬 서민주택 건설에 착수했다. 1919년 도시 확장에 관한 코르뉘데 법la loi Cornudet[4]이 통과된 후, 셀리에와 서민주택국 소속 건축가는 주요 순환로를 통해 파리 도심과 이어지는 위성도시형 주거 지구 조성을 꿈꿨다. 센 시 서민주택국의 목표는 서민주택 공급에 그치지 않았다. '노동자의 삶과 경제적 생산성을 향상할 위생적인 주택을 제공하고, 여러 본보기를 통해 도시 정비에도 일조하는 것'[5]이다.

앙리 셀리에는 부르주Bourges 출신 해군공창 노동자의 아들로, 법과 금융을 공부하고 19세부터 실천적 사회운동가로 활동했다. 1910년 퓌토Puteaux 구의원, 1919년 쉬렌Suresnes 시장, 1935년 상원 의원으로 선출되고, 1936년에는 레옹 블룸Léon Blum 내각의 공공보건부 장관을 역임했다. 긴 정치적 여정 내내 그는 열렬한 사회주택 지지자였고, 도시 근대화를 주장했다.

---

4    코르뉘데 법은 (법안 발효 후 3년 안에) 주민 1만 명이 넘는 지자체가 '도시 개발, 확장, 미화 계획'을 의무적으로 갖추도록 했다.

5    H. Sellier, *La Crise du logement et l'intervention publique en matière d'habitation populaire dans l'agglomération parisienne*, Éditions de l'OPHBMDS, 1921.

셀리에는 코르뉘데 법과 본네바이 법을 참조해 파리 시가지 개발과 확장을 고민하는 한편, 서민 계층을 위한 주택 공급을 궁리했다. 그는 현장 위주의 실무가로, 추진력과 행동력이 뛰어났다. 파리의 고질적 사회문제와 도시문제 해결이 시급함을 고려할 때, 정치적 입장이나 이념 논쟁이 아니라 다수의 의지를 결집해 최대한 많은 이의 삶을 개선할 대규모 '작품'을 건설해야 한다고 봤다. 셀리에에 따르면 도 단위 지자체의 개입이 필수적이었다. 그래야 개인이나 민간사업은 물론, 개별 지자체나 지자체 간 연계 사업을 조정·촉진하고, 파리 교외에 노동자뿐만 아니라 새로 대두된 중산층을 위한 주거 단지를 조성할 수 있다는 것이다. 이 주거 단지는 '빛과 신선한 공기로 충만한 영국이나 미국의 정원 도시garden-cities 혹은 그와 흡사한 외국의 여러 교외 정원banlieues-jardins에 필적할' 수준이어야 하는데, 쥘 미슐레Jules Michelet가 말했듯 '인간만큼 햇빛이 필요한 존재는 없기'[6] 때문이다. 이렇게 셀리에는 '프랑스식 정원 도시'[7] 조성을 제안해 의

---

6    H. Sellier, *Proposition tendant à la réorganisation administrative du département de la Seine et à la création d'un office public départemental d'HBM,* conseil général de la Seine, 21 juin 1914, Imprimerie municipale.

7    T. Leroux, "Henri Sellier, maître d'œuvre de la vie urbaine", in K. Burlen (dir.), *La Banlieue oasis,* Vincennes, PUV, 1987.

회 내 보수파와 개혁파의 지지를 모두 얻었다. 실용주의자 셀리에는 푸리에나 사회주의자의 유토피아적 공동 주거 계획을 믿지 않았다. 대신 '도시적 주거 단지의 실험적 원형이자 모델'[8]을 실현하고자 노력했다.

**정원 도시의 기원**　시골에 도시를 짓는다는 발상은 오래전부터 있었다. 르네상스 시대에 레오나르도 다빈치Leonardo da Vinci는 밀라노Milano의 인구 밀집과 도시문제를 해결하기 위해 정원이 많고 인도와 차도가 완전히 분리된, 3만 명을 수용할 신도시 10곳을 건설하자고 제안했다.

영국의 건축가 에버니저 하워드Ebenezer Howard가 19세기 말, 여기에서 영감을 얻어 '정원 도시'라는 용어를 제안했다. 1898년 런던은 인구 600만 명의 세계 최대 수도로, 도시 빈민과 비위생적 주택의 증가, 집세 상승이 큰 문제였다. 토지와 주택난 앞에서 하워드는 대대적 도시 정비안으로 종전의 도시 네트워크를 철저히 쇄신하길 원했다. 5만 명이 거주하는 도심지 주변으로 인구 3만 명인 정원 도시를 배치해, 총 25만 명이 거주하는

---

8　*Ibid.*

'사회적 주거 도시'를 건설하자는 것이다. 건축 이론가 앤서니 서트클리프Anthony Sutcliffe에 따르면, 이런 계획은 당시 영국에서나 가능했다. 19~20세기 전환기에 영국의 도시화율은 세계 최고 수준으로, 인구 80%가 도시에 거주했기 때문이다.[9] 하워드는 1898년 이상적 도시에 관한 철학을 종합한 《To-morrow: A Peaceful Path to Real Reform내일 : 진정한 도시 개혁을 위한 평화적 방법》[10]을 출간했다. 그 이론의 몇몇 요지를 살펴보자.

각 정원 도시는 400ha 대지에 건설되며, 3만 명을 수용할 수 있다. 1ha당 인구밀도는 75명으로 당시 런던(142명)보다 낮다. 각 도시에는 1000명당 3.6ha 규모의 아름다운 정원이 있다. 도시계획 면에서 인구밀도의 제한은 새로운 아이디어가 아니다. 하워드의 독창성은 다음 제안에 있다.

첫째, 과거에 농지로 쓰인 도시를 빙 두른 녹지를 유지할 것. 그러면 도심에서 외곽으로 도시 팽창이 제한되고, 교외의 무분별한 개발에서 도심을 지킬 수 있다.

---

9   A. Sutcliff, "Le contexte urbanistique de l'œuvre d'Henri Sellier: la transcription du modèle anglais de la cité-jardin", in K. Burlen, *op. cit.*

10  이 책은 1902년 《Garden Cities of To-Morrow내일의 정원 도시》라는 제목으로 개정판이 출간된다.

둘째, 개별 지구의 주민 수를 일정 수준으로 제한할 것. 셋째, 최대 주민에게 일자리를 제공할 산업체를 새 주거 지구 안으로 이전할 것.

하워드의 구상은 단순한 도시계획을 넘어선다. 그는 공동체적이면서(정원 도시 부지는 협동조합 소유로 개별 가구에 99년간 임대됐다) 개인의 자유도 보장하는(각 가정은 가옥 스타일을 마음대로 결정할 수 있었다) 사회 조직을 상상했다. 이는 '구성원이 자유롭게 합의한 규칙에 따라 각 가정이 자신의 방식대로 살아가는 공동체적 개인주의'[11]와 다름없었다.

영국에서는 많은 정치인, 특히 자유당 인사들이 이 제안에 열광했다. 하워드는 이렇게 마련한 예산으로 다양한 계획안을 구체적으로 실현해갔다. 1903년에는 런던에서 약 50km 떨어진 레치워스Letchworth에 첫 번째 정원 도시를 건설했고, 1차 세계대전 후에는 도심에서 30km 떨어진 웰윈Welwyn에 두 번째 정원 도시를 만들었다.

20세기 초 정원 도시 개념을 프랑스에 적극적으로 소개한 인물은 베누아-레비Georges Benoît-Lévy다. 르미르 신부

---

11    K. Burlen, "Henri Sellier et la mystique des cités-jardins", in R. Quilliot, R.-H. Guerrand, *op. cit.*

가 창설한 주택토지보유장려연합에도 참여한 이 법학자는 하워드의 도시계획 이론을 독특한 방식으로 재해석했다. 가톨릭 온건 개혁파인 그는 공장 노동과 농업의 결합을 꿈꿨는데, 그 수단이 교외 정원이다. 이 독특한 재해석으로 베누아-레비는 당대 파리 도시계획 논의에도 깊이 관여할 수 있었다.

**파리 지역의 교외 정원**  센 시 서민주택국은 정원 도시 개념을 적용하면서 일단 종전의 파리 교외는 축소하기로 했다. 셀리에는 파리의 특성상 종전 도시 지구에 새로운 교외 정원을 덧붙이는 방식이 훨씬 실용적이라고 봤다. 이렇게 1921~1939년 파리 교외에 15개 교외 정원이 조성됐다(무엇보다 드랑시Drancy, 스탱Stains, 샹피니 Champigny, 샤트네말라브리Châtenay-Malabry, 쉬렌). 이 시기에 공동주택 1만 704채와 개인 빌라 2549채를 지었다. 대다수 프로젝트에서 건축가는 경관을 최대한 살린 영국식 전원주택풍 가옥을 선보였다. 경사진 지붕과 높은 굴뚝, 벽돌과 석재의 대조를 살린 집이었다. 여기에 공원과 녹지, 화원, 식물을 활용한 울타리, 수변 공간(연못)을 설치해 공간에 운치를 더했다.

　하지만 시간이 갈수록 예산 문제가 발목을 잡았다. 사업 방향도 도시경관의 미적 조화라는 정원 도시의 원래 취지에서 점점 멀어졌다. 벽돌 대신 노출 콘크리트를 썼고, 수용할 인구밀도가 높아졌다. 개인 빌라 대신 공동 주택을 더 지었고, 당시 르코르뷔지에와 그의 제자들이 주도한 새로운 건축 운동에 따라 현대식 건축자재를 많이 활용했다(예를 들어 옥상이 전통적인 합각지붕을, 직선이 곡선을 대체했다). 이렇듯 근대화와 수익성을 모두 노린 사업이 1935년 착공한 드랑시의 뮈에트 공동 주거 단지cité de la Muette인데, 정원 도시의 최초 구상과 비교하면 거의 공통점이 없다. 15층에 높이 55m 주거 타워 다섯 동과 부대시설로 구성된 주거 단지는 철골구조에 규격화된 콘크리트 패널을 사용했다. 건축 공정과 재료, 이미지 면에서 당대 '가장 모던한'[12] 이 프로젝트는 1945년 이후 사회주택 형태를 예고하는 듯하다.

셸리에가 지휘한 파리 교외 정원 프로젝트는 교외 정비는 물론, 서민층 교육과 서민주택 건설이라는 과제와 맞물려 있었다. 고댕이나 푸리에처럼 셸리에도 서민층 교육이 필요하다고 봤다. 그래서 노동자 계층의 삶의 질 개선과 건강을 위해 각 주거 단지에 목욕탕, 문화센터, 극장, 도서관, 건강검진이 가능한 보건소를 설립했다.

---

12　시각적으로 현대 주택과 유사하다는 의미다.

시장으로 재직한 쉬렌에는 빈혈과 구루병, 결핵에 시달리던 서민층 자녀를 위한 예방 시설로 노천 학교와 가족 문제 상담 부서도 마련했다.

1차 세계대전 후, 파리 근교의 몇몇 지자체는 대규모 서민주택 조성에 뛰어들었다. 그러나 모든 사회계층에서 점점 늘어나는 주택 수요를 감당하기에는 역부족이었다. 신설한 서민주택국은 자본력이 없고, 대체로 개별 지자체의 뜻에 크게 좌우됐다. 지자체가 택지 증여의 형태로 발 벗고 나서지 않으면 사업을 추진할 방도가 없었다. 서민주택 건설을 다양한 지자체에 분산해서 맡긴 결과, 일관성 없는 개발이 난립하기도 했다. 1920년대 중반 이후, 프랑스 의회는 사회적·도시적 위기가 심화하기 전에 뭔가 조치가 필요하다는 사실을 절감했다.

## 3. 국가가 주도하는 사회주택 계획의 초기

### 루쉐르 법

루쉐르 법la loi Loucheur은 서민주택 건설 자금과 서민주택국 운영자금을 누가 충당할까에 대한 전후의 긴 정치적 논쟁에 종지부를 찍었다. 지난 10년간 발의하거나 발효한 모든 법안이 땅임자와 국가 개입 반대론자의 망설임과 반대에 가로막힌 상태였다. 그러다 1928년 7월 13일, 사회보장노동부 장관 루이 루쉐르Louis Loucheur가 발의한 법안이 돌파구를 열었다. 판매와 임대가 모두 가능한 서민주택 26만 채(서민주택 20만 채, 집세가 싼 임대주택 6만 채) 건설용 공공 예산을 5년 안에 마련한다는 내용이 골자다. 루쉐르 법에서 눈여겨봐야 할 점은 임대주택이라는 새로운 범주를 신설한 것이다. 이는 여러 차례 조사와 관찰에서 입증된, 당시 점점 심각해지던 주거 부족과 인구 과밀 지구의 슬럼화에 대한 조치다. 예를 들어 이 시기 파리에서는 해마다 주택 10만 채가 부족했다. 두 세계대전 사이에 주택난은 프랑스 서민층뿐만 아니라 중산층의 문제였다. 루쉐르 법 이후 서민주택국은 일반 서민주택보다 넓고 쾌적하며 값비싼 사회주택을 건설할 수 있게 됐다. 이 개량형 사회주택은 당시 새롭게 형성되던 사회계층, 즉 하급 공무원이나 서비스업 종사자 등을 겨냥했다.

프랑스 정부는 서민의 주택 취득을 장려하기 위해 주택 취득 희망자에게 인센티브를 줬다. 토지 매입과 주택 건설을 원하는 개인은 매입이나 건설에 드는 총비용의 20%만 내면 됐는데, 그 출자금은 최대 4000프랑을 넘지 않았다. 식솔이 많다거나 하는 특수한 경우 출자액은 감면되고, 중증 상이군인은 면제됐다. 이 출자금은 현금이나 토지, 현물뿐만 아니라 정해진 기간 노동으로도 낼 수 있었다. 출자금 면제자는 주택 취득을 위한 보조금까지 받을 수 있는데, 이는 상환이 불필요했다.

이 획기적인 주택 취득 장려책은 큰 성공을 거뒀다. 이 시기 수많은 노동자와 급여 생활자가 주택 소유주가 됐다. 1930년대 프랑스의 대도시 근교, 특히 파리 교외는 규질 퇴적암으로 지은 수많은 '루쉐르식' 소형 빌라로 뒤덮였다.

신용기관도 망설임 없이 5년간 서민 대출을 해줬다. 첫 목표를 거의 달성한 이 주택정책은 예상치 않게 좌초했다. 1929년 대공황의 여파가 1931~1932년부터 프랑스를 휩쓸었고, 저축은행의 잔고가 바닥났다. 1933년 주택 취득을 위한 (개인이 총액의 20%만 내면 되는) 소액 출자 시스템이 폐지되고, 1935년에는 주택 취득 보조금이 사라졌다.


## 파리의 '장미 벨트'

루쉐르 법 이후 프랑스에서 대대적인 서민주택 건설이 시작됐다. 특히 파리에서는 오늘날 '장미 벨트' 혹은 '장군 벨트'라 불리는 도심을 둘러싼 성곽 공간에 많은 단지가 들어섰다. 이 성곽은 1845년 외교부 장관 아돌프 티에르Adolphe Thiers가 조성한 것이다.

1차 세계대전 후 국방부는 길이 35km에 평균 너비 400m, 면적 1400ha에 달하는 이 성곽 지구를 파리 시에 양도했다. 1919년 해당 지구 재정비를 위한 건축 공모가 있었다. 설계 참여자는 코르뉘데 법이 지정한 요건에 따라 부지면적의 25%는 서민주택으로 채우고, 나머지 75%는 건물 없는 녹지로 구성해야 했다. 여러 계획안이 제출됐지만, 국가자문위원회와 내무부가 퇴짜를 놨다. 토지수용이 문제였다. 표류하던 성곽 지구 재정비는 1928년, 루쉐르 법이 통과된 후에야 실행됐다. 파리 공공주택국은 건축가 알렉상드르 메스트라세Alexandre Maistrasse와 앙리 프로방살Henry Provensal, 레옹 베나르Léon Besnard에게 작업을 의뢰했다. 그러나 성곽 지구에 불법 거주하며 추방에 불응하던 '주민' 5000여 명 때문에 사업은 어려움에 부딪혔다.

파리 '장미 벨트' 재개발에는 벨 에포크Belle Époque*에 축적된 여러 도시계획과 건축, 위생학(공기, 햇빛, 공간)적 성과, 동시에 20세기 초부터 눈부시게 발전한 철근콘크리트 중심의 표준화된 건설공법을 활용했다. 예

---

* '아름다운 시대'라는 뜻. 19세기 말에서 20세기 초까지 서유럽 몇몇 국가가 예외적인 경제적 풍요와 사회적·정치적 안정을 누린 시기. 프랑스에서는 보통 1871~1914년을 칭한다.

를 들어 최대한 크게 마련한 중정을 둘러싸고 건물을 배치했는데, 다수 주택에 빛을 최대한 제공하고 사회적 통제도 쉽게 하기 위해서다.

그렇지만 예산 문제로 위생과 쾌적함이라는 두 원리를 끝까지 추구하진 못했다. 수익성 때문에 많은 건물에서 중정을 좁히고 건물을 높여(평균 8층) 저층에는 충분한 빛이 들어오지 않았다. 코르뉘데 법에서 권고한 안락, 위생, 미적 기준보다 생산성의 논리가 중시되기도 했다. 건물과 녹지의 분리를 철저히 지키지 않았고, 주택도 과밀하게 건설했다. 그렇게 파리 '그린벨트'가 돼야 할 공간은 시간이 가면서 도심과 교외를 분리하는 콘크리트 덩어리로 들어차게 됐다.

파리 도심의 옛 성곽을 활용한 이 프로젝트는 서민주택 공급 면에서는 성공했다. 10년 사이에 2만 채가 넘는 주택을 건설했고, 1945년 이후 단조로운 사회주택 단지와 달리 파사드의 지루한 반복을 피하려고 당대의 건축·도시계획 기법을 풍성하게 활용했다. 볼록한 내닫이창, 주택 측면의 작은 탑, 석재와 벽돌, 자기 타일을 활용한 것이 그 예다.

1919년부터 1939년까지 프랑스 정부의 단합된 노력도 국민의 주택 수요를 충족할 순 없었다. 프랑스의 서민주택 공급량은 대공황으로 더 타격을 받은 독일이나 영국보다 훨씬 적었다. 1925~1936년 파리의 주택 수요만 해도 6만 5200채에서 15만 2300채로 2배 이상 늘었다. 두 세계대전 사이에 프랑스는 주택 180만 채를 지었는데, 그중 서민주택은 17만 5000채, 기업가가 지은 노동자 주택은 30만 채에 지나지 않았다. 반면 같은 기간에 영국은 프랑스의 2배가 넘는 366만 채, 독일은 400만 채를 공급했다.

## 4. 사회주택을 위한 현대건축

프랑스와 다른 유럽 국가, 예를 들어 독일의 주택 공급량 차이에는 몇 가지 원인이 있다. 먼저 두 세계대전 사이 20년간, 프랑스에는 야심 찬 주거 정책을 추진할 만한 정치력이 없었다. 실용주의적 감각과 행동 대신 기회주의와 이념적 분쟁이 팽배했다. 반면 전쟁에서 패한 독일은 하루바삐 경제를 재건하고 산업과 주거 분야의 근대화를 꾀하려는 의지가 강했다. 양국의 경제구조나 문화, 독일이 패전국이라는 맥락 외에도, 현대 주택 운동의 다른 위상이 주택 공급량 차이에 영향을 미쳤다. 이 점을 좀 더 살펴보자.

## 바우하우스 : 대중을 위한 표준화된 건축

프랑스는 1919~1939년 국내 수요에 부응하는 주택을 충분히 짓지 않았다. 1차 세계대전 이후 생산 설비의 근대화도 자동차 산업이나 야금업 등 몇몇 영역에 국한됐다. 알베르 토마Albert Thomas나 루쉐르 같은 정치인의 의지, 르코르뷔지에의 끊임없는 호소에도 프랑스 주택은 구성과 개념 면에서 전통을 고수했다. 조립식 격벽과 철근콘크리트, 강철 등 현대적 건축 기법을 활용한 전위적 건축가도 오귀스트 페레Auguste Perret, 로베르 말레—스테방 Robert Mallet-Stevens, 앙드레 뤼르사André Lurçat 등 극소수였다. 당시 대다수 건축가는 프랑스 건축계를 쥐락펴락하던 에콜데보자르École des beaux-arts의 절충주의에 심취했다. 어떤 의미에서 이들은 합각지붕에 돌로 지은 전통 가옥을 옹호하는 이익집단에 가까웠다. 이들은 근대건축국제회의Congrès Internationaux d'Architecture Modern, CIAM를 중심으로 확산하던 새로운 건축의 패러다임, 즉 기계화 시대의 주택과 도시 개념에 격렬히 반대하며 보수적 전통 건축을 옹호했다.

독일은 패전 후 주택난과 민간사업의 부진 앞에서 국가가 몇몇 현대적 건축가와 예술가의 제안을 즉각 수용했다. 그들이 바우하우스Bauhaus(건축의 집) 운동의 주역이다.

발터 그로피우스Walter Adolph Gropius가 1919년 바이마르 Weimar에 설립한 바우하우스는 디자인으로 잘 알려진 건축·예술학교다. 클레Paul Klee, 칸딘스키Wassily Kandinsky, 브로이어Marcel Lajos Breuer 등 쟁쟁한 예술가가 활동하며 학교의 명성을 전 세계에 알렸다. 바우하우스의 교육목표는 핵심 교과인 건축을 '주요 예술' '응용 예술'과 융합하고, 예술가와 장인의 긴밀한 협력을 강조하는 것이었다. 그로피우스는 장식 예술과 조형예술, 회화의 경계를 없애자고 주장했다. 세 분야가 결국 '짓다construire'라는 행위로 귀결된다는 것이다. 그에 따르면 '짓는 행위는 계급 간 차이를 줄이고 민중과 예술가를 가깝게 이어준다'.[13] 사회주의적 이상을 바탕으로 한 바우하우스는 사회에서 예술의 기능을 고민했고, 예술을 산업 문명과 융합하려 했다.

'모든 이에게 공기와 햇빛, 녹지를!'이라는 슬로건이 말해주듯 바우하우스 건축가는 건축의 규격화, 기계화, 합리화를 지향했다. 그러면 주택 건설비와 임대료를 절감하고 최대한 많은 이에게 쾌적한 주택을 공급할 수 있

---

13 그로피우스가 건축가 브루노 타우트(Bruno Taut)의 테제를 참조해 작성한 〈바우하우스 선언(Le manifeste de présentation du Bauhaus)〉 참조, M. Droste (dir.), *Bauhaus, 1919-1933*, Berlin, Taschen, 1993.

다고 봤다. 바우하우스의 2대 총장인 건축가 하네스 마이어Hannes Meyer는 이 테제에 열렬히 공감했다. 그는 건축이 사회관계를 어떻게 개선할 수 있을까 고민했다. 그래서 몇몇 공동주택 설계에서 유리로 덮은 거대한 복도를 만들어(이는 19세기 푸리에식 집단주택의 통로 겸용 회랑과 비슷한 구조다) 개별 주택을 자연과 면하게 하고, 주민 간 소통을 촉진하고자 했다.

현대적 건축 공법과 전위적인 건축·도시계획 패러다임을 설파한 바우하우스는 세계의 숱한 건축가와 도시계획가에게 새로운 관점과 영감을 제공한 창조의 산실이었다. 불행히도 바우하우스의 창조적·지적·건축적 작업(바우하우스는 프랑크푸르트Frankfurt에서만 1만 채가 넘는 주택을 설계했다)은 1933년 돌연 중단됐다. 나치 정부가 '현대 주택'은 외국적이며 볼셰비키적인 것이라 간주했기 때문이다.

두 세계대전 사이에 나타난 전위적 건축 사조에 속하는 바우하우스 운동은 종종 기념비적 도시 건축에 집착하며 무책임한 도시화를 야기했다는 비판을 받았다(물론 온당한 비판은 아니다). 같은 시기, 프랑스에서도 이와 비슷한 편견 어린 비판을 감내한 인물이 있다. 프랑스 현대 주택 운동의 주역, 르코르뷔지에다.

## 르코르뷔지에 : 모두를 위한 '빛나는 도시'

샤를-에두아르 잔느레Charles-Édouard Jeanneret는 1920년부터 르코르뷔지에라는 이름을 썼다. 처음에는 회화를 공부하고, 스위스 라쇼드퐁La Chaux-de-Fonds 예술학교에서 건축을 전공했다. 1905~1907년 유럽과 북아프리카, 발칸반도의 여러 나라에서 수업기를 거치며 당대의 전위적 건축가들과 교류했다. 파리에서는 오귀스트 페레와 구스타브 페레Gustave Perret 형제의 사무실, 베를린Berlin에서는 페터 베렌스Peter Behrens 연수생으로 일했다. 그는 회화뿐만 아니라 건축과 도시계획에 매혹됐는데, 평생 원하던 규모의 도시계획 프로젝트를 직접 맡아 진행할 기회는 없었다. 그는 현장에서 뜻을 펼치지 못했기에 여러 저작에서 기능적 주거지와 도시 재정비에 관한 자신의 관점을 끊임없이 설파했다. 르코르뷔지에의 건축 이론은 19세기 유토피아적 사회주의자나 푸리에(팔랑스테르), 사회철학자가 제안한 내용과 크게 다르지 않지만, 건축·도시계획에 반복해서 등장하는 몇몇 테마는 짚고 넘어가자.

첫째, 르코르뷔지에 건축계획의 중심에는 위생학자와 바우하우스 운동의 테제 '모든 주택에 빛과 충분한 공간, 녹지를!'이 있다. 그는 중세식 옛 도시의 경관을 혐오해서, 시대착오적인 구시가지를 쓸어버리고 백지상태

재개발이 가능하도록 '불도저식 도시계획'을 주장했다. 한편 1945년 이후 도시계획가가 반드시 읽어야 할 텍스트가 된 〈아테네헌장Charte d'Athènes〉[14]에서 르코르뷔지에는 건축적 기능주의를 주장한다. 주택의 세 가지 기능은 주거, 노동, 휴식(기분 전환)인데, 세 기능이 뒤섞이거나 한 기능 공간이 다른 기능 공간을 방해해선 안 된다는 것이다.

둘째, 르코르뷔지에는 19세기 말에 등장한 새로운 건축 기법(철근콘크리트와 철골구조)을 열렬히 지지했다. 그는 바우하우스에서 주창한 건축자재의 규격화나 선제작과 같은 맥락에서 1914년부터 '돔이노Dom-Ino'라 칭한 건축 시스템을 상상했다. 지금은 대중화한 돔이노는 철근콘크리트 바닥에 벽을 완전히 없앤 건축구조의 원형으로, 널찍한 실내와 충분한 햇빛, 탁 트인 조망을 제공한다. 모듈화한 건축자재로 원하는 주택을 유연하게 제작·조립·확장할 수도 있다.

셋째, 르코르뷔지에는 개인의 칩거와 사교가 가능한 공동주택을 원했다. 그 고민의 결과물이 '인간 신체에

---

14  르코르뷔지에의 〈아테네헌장〉은 현대적 도시 설계를 위한 규칙을 명시한 텍스트다. 그 핵심은 위생과 기능주의를 기반으로 한 도시 공간의 창조다.

알맞은 크기 주택'[15]으로 구성된 '빛나는 도시cité radieuse'다. 이 주거 계획에서 그는 인간 신체의 크기와 비율을 척도로 삼아(모뒬로르Modulor 이론)[16] 개별 공간의 크기와 배치를 꼼꼼히 연구했다.

넷째, 르코르뷔지에는 계급 없는 사회와 도시를 꿈꾸면서, 고댕이 그랬듯이 주거 단지에 '문화와 여유'를 즐길 수 있는 시설을 마련했다. 예를 들어 2차 세계대전 후 그가 마르세유에 설계한 공동주택을 보자. 20여 채 다채로운 주거동 내부에는 현대식 가스레인지와 오븐, 환풍기를 설치했고, 주거 단지에 상점과 학교, 체육관 등 공공시설을 갖췄다.

많은 사람이 위생 중시, 주택의 합리화와 규격화 등 도시계획이나 사회주택에 관한 르코르뷔지에의 관점에 공감했다. 그러나 1945년 이전에는 정치인과 자본가들이 지지하지 않아 실현된 프로젝트가 거의 없었다. 그는 종전 후에야 라울 도트리Raoul Dautry나 외젠 클로디우-프티Eugène Claudius-Petit 같은 정치인, 몇몇 종교예술위원회의

---

15　이 주택에는 1600명이 거주할 수 있는데, 푸리에가 제안한 집단주택의 규모(1620명)가 떠오르는 수치다.

16　르코르뷔지에는 1943년부터 황금비에 따라 크고 작은 공간을 유기적으로 결합·배치하기 위한 표준 치수를 궁리했다.

지원을 받았다.

2차 세계대전이 발발하기 직전에 프랑스의 서민주택 건설은 이웃 국가보다 현저히 뒤처졌고, 건설업도 낙후된 상태였다. 사회적 저력이 없진 않았다. 관련 법안이 1914년 이전부터 꾸준히 마련됐고, 19세기 유토피아적 노동자 주택을 조성한 경험과 다양한 사상가의 건축·도시계획 이론도 있었다. 종전 후 프랑스의 과제는 이 자원과 경험을 활용해 전 국가적 사회주택 정책을 어떻게 추진하는가였다.

**5**

저가임대주택,
전후의 시급한 과제

# 1. 변화를 거부하는 정부[1]

2차 세계대전 이후 프랑스는 극심한 주택난에 시달렸다. 주택의 전소나 파손, 공급 부족, 열악한 주거 환경 앞에서 사람들은 정부의 빠른 대응을 기대했다. 그러나 인구학적 · 정치적 · 사회 문화적 · 이념적 요인이 주택 문제를 신속히 해결하는 데 걸림돌이 됐다.

### 심각한 주택난

2차 세계대전 말, 프랑스의 주택 상황은 극도로 우려스러웠다. 5년 동안 전쟁이 남긴 피해는 상당했다. 건물 46만 채가 전소했고, 165만 채가 크게 파손됐다. 1939년 대비 주택 20%가 피해를 당했다. 2차 세계대전은 1차 세계대전과 달리 프랑스 전역에 큰 상흔을 남겼다. 1940년 전투* 이후 영토를 탈환하기까지 프랑스 전역에서

---

1  '1. 변화를 거부하는 정부'의 통계는 다음 자료를 참조했다. L. Houdeville, *op. cit.*; R. Quilliot, R.-H. Guerrand, *op. cit.*; G. Duby, *op. cit.*; J. Barou, *op. cit.*; R. Butler, P. Noisette, *op. cit.*; J.-P. Flamand, *op. cit.*; D. Huault, "La politique du logement en France de 1945 à 1976", *Métropolis* (vol. V), 40, 1979.; F. Aballéa, "La question du logement de 1945 à 1983", *Recherche sociale*, 68, 1983.

*  독일군이 네덜란드, 벨기에, 룩셈부르크, 프랑스를 침공한 전투.

폭격과 전투가 있었다. 1차 세계대전과 달리 시골 지역은 피해가 적었지만, 도시(특히 대도시)가 크게 파괴됐다. 당시 부서진 건물 가운데 40% 이상이 인구 3만 명이 넘는 소도시에 있었다. 예를 들어 르아브르에서는 1944년 9월, 한 차례 폭격으로 주택 2만 채가 전소하고 5만 명이 보금자리를 잃었다.

전쟁에 따른 파괴와 손상 외에 주거 단지의 노후화도 문제였다. 1914년에 노후 주택이 15만 채였지만, 1945년 무렵에는 250만~280만 채로 늘었다. 1946년에 집계한 프랑스의 총 주택 1340만 채 가운데 현대적 주거 설비(실내 화장실, 샤워기와 욕조, 전기, 중앙난방)를 전부 갖춘 주택은 120만 채에 불과했다. 이 시기 인구조사에 따르면 낭시에서는 주택 51%가 방이 1~2개로, 그중 1/6은 지은 지 100년이 넘었다.

주택 공급이 부족했다는 말인데, 앞에 본 것처럼 1920~1930년대 신축한 주택이 적었으니 당연한 결과다. 국제노동사무국Bureau International du Travail, BIT에 따르면 프랑스는 1923년에 이미 주택 50만 채가 부족했다. 2차 세계대전이 끝나고 국가재건도시계획부MRU가 발표한 바에 따르면, 이 수치는 거의 200만 채로 증가한다. 전쟁 중에 전소하거나 파손된 200만 채를 더하면 총 400만 채를 새로 짓거나 보수해야 한다는 의미다.

## 프랑스 전역의 도시화

1차 세계대전보다 인명 피해는 적었지만 2차 세계대전이 남긴 상처는 깊었다. 프랑스에서 총 56만 3000명이 사망했고, 이 가운데 35만 명이 민간인이다. 여기에 약 53만 명 규모의 출생률 감소, 이민자 32만 명을 합치면 인구는 약 141만 3000명이 감소했다. 1936년 프랑스 인구는 약 4200만 명, 2차 세계대전이 끝난 뒤에는 4050만 명이었다.

프랑스는 1945년 이후 출산 장려 정책을 시행했다. 1945년에 사회보장제도를 갖췄고, 1946년에는 가구별 국가보조금을 확대했다. 1950년부터 포르투갈과 알제리, 튀니지, 모로코 등지에서 이민자를 받아들이기 시작했다. 1950년에는 외국인 약 150만 명(프랑스 총인구의 3.6%)이 프랑스에 거주했다. 1975년에는 190만 명을 넘어 프랑스 총인구의 6.5%에 달했다. 이민과 출산 장려 정책, 약학과 의학 기술이 발달함에 따라 프랑스 인구는 다시 늘기 시작했다. 1946~1954년 약 200만 명이 늘었고, 증가세는 1954년부터 더 뚜렷해졌다. 1954년 약 4250만 명이던 프랑스 인구는 1975년 5260만 명으로, 20년 사이에 1000만 명 이상 늘었다. 이 가운데 약 120만 명은 1961~1963년 알제리 독립 이후 북아프리카에서 귀국한 이들이다.

빠른 인구 회복세와 더불어 인구구조도 변했다. 특히 도시인구가 늘었는데 1946년 2160만 명에서 1954년 2550만 명, 1962년 2940만 명으로 성장했다. 1946년 도시인구는 프랑스 총인구의 53.3%였지만, 30년 뒤에는 거의 75%에 달했다. 인구 증가율 측면에서도 1945년 이후 도시인구 증가율이 타 지역의 2배에 가까웠다. 반면 인구가 대도시로 몰려들다 보니 농촌 인구는 크게 줄었다. 1954~1968년 약 180만 명이 농촌을 떠났는데, 이 역시 도시의 주택난을 가중했다.

광범위한 도시화 과정에 인구구조 재편으로 프랑스 사회도 크게 변했다. 먼저 도시와 농촌의 비대칭이 뚜렷해졌다. 탈농촌 흐름 이후 시골에는 영농 업자, 은퇴자, 시대의 흐름에 도태된 주변인이 남았다. 한편 도시에서는 경계가 사방으로 확장되어 문어발식으로 성장하는 거대도시군이 생겨났다. 그와 더불어 도시 구조, 경관, 시간 사용 방식, 인간관계가 완전히 달라졌다. 노동과 여가의 분리, 소비로 요약되는 도시적 삶의 양식이 도시나 교외, 시골로 퍼져 일반화했다.

## 당대 프랑스의 정치적·경제적 현안

2차 세계대전 후 프랑스 정부가 맞닥뜨린 정치적 현안도 주택문제를 신속히 해결하는 데 걸림돌이 됐다. 여기에서 세 가지 현안을 살펴볼 것이다. 인도차이나와 북아프리카 식민지 전쟁 자금 지원, 국내 전쟁 피해자 보상, 국내 생산 시설 복원이다.

**식민지 전쟁 자금 지원**  2차 세계대전 이후 프랑스는 두 차례 식민지 전쟁에 개입했다. 1946~1954년 인도차이나 전쟁, 1954~1962년 알제리 전쟁이다. 이 행보는 프랑스에서 식민지 독립주의자와 신식민주의자의 격렬한 논쟁을 불러일으켰다. 이들의 불화로 이미 합의된 프랑스 재건 정책[2]이 보류되고, 행정부가 역할을 하기도 위태로웠다. 1939~1945년에는 프랑스 정부파와 샤를 드 골파의 사회적 분열이 되살아났다. 이 개입은 무엇보다 국가 예산을 크게 소진했다. 15년간 막대한 인적·재정적 부담을 감내한 결과 프랑스의 경제 발전이 더뎌졌으며, 점점 악화하던 주택난도 신경 쓸 겨를이 없었다.

**전쟁 피해 복구**  종전 후 국가재건도시계획부의 첫째 과제는 파손된 개인 재산의 보상이다. 1946년 10월 26일,

---

2    1944년 6월~1946년 12월에 프랑스의 경제적·사회적 재건 방법에 대한 정치적 합의가 있었다. 당시 프랑스 내각은 공산주의당, 사회주의당, 인민 공화당 세력으로 구성됐다.

공산주의자이자 조르주 비도Georges Bidault 내각의 장관이던 프랑수아 빌루François Billoux가 주택 재건법을 발의했다. 법안은 1919년 4월 발효한 전쟁 피해 보상법과 거의 같았다. 사회 통합과 프랑스 민족의 연대를 위해 전쟁에 따른 동산·부동산 피해를 전부 보상한다는 내용이었다. 완전한 보상을 받으려면 '원래 건물이 있던 자리에' 주택을 다시 지어야 했다. 1919년에 그랬듯이 이 제도는 남용돼서 국가 재정에 엄청난 부담을 줬고, 사회 불평등을 심화했다. 정부의 일관성 있는 토지 계획과 도시화 정책에도 방해가 됐다.

당시에는 1919년 피해 보상법의 폐해와 남용을 상기하거나, 프랑스가 같은 실수를 되풀이하고 있음을 경고하는 이가 거의 없었다. '전쟁 피해자 보상'을 명시한 전국레지스탕스위원회Conseil national de la résistance, CNR의 1943년 강령을 기계적으로 밀어붙일 뿐이었다. 물론 르코르뷔지에나 클로디우-프티처럼 당시 주택정책에 비판적인 이도 있었다.

서민층 출신 클로디우-프티는 가톨릭 사회주의자로서 정치적 행보를 시작했고, 투사적 기질 탓에 전국레지스탕스위원회에서 중요한 직책을 맡았다. 바우하우스 운동에 매료된 그는 '원래 건물이 있던 자리에 재건축'보다 대규모 주택 '신축'이 우선이라고 주장했다. 1948년 국가재건도시계획부 장관으로 임명된 후 주택 신축 중심 정책(1946년 10월 법안)을 펼치려 했지만, 온통 반대에 부딪혔다. "재건축하는 국가는 과거를 보는 국가입니다. 우리는 신축을 해야 합니다. 그럼으로써 미래를 향해 눈을 돌려야 합니다." 클로디우−프티는 전쟁 피해자보다 집 없는 서민이 훨씬 많으며, 평등 정신에 따라 집이 없거나 열악한 주택에 사는 모든 이도 전쟁 피해자처럼 보살펴야 한다고 주장했다. 부족한 주택 400만 채를 신축하려면 국민소득 10~15%를 배정해야 하는데, 프랑스는 3년 전부터 고작 1~2%만 투자한다고 비판하기도 했다. 이런 맥락에서 그는 르코르뷔지에가 주창한 〈아테네헌장〉의 원칙, 특히 주택의 규격화와 합리화를 현실화하려 애썼지만 큰 성과는 없었다. 그래도 클로디우−프티 덕분에 주택문제가 서민층뿐만 아니라 사회계층 전체의 문제라는 인식이 확산했다. 그 결과 1950년, 프랑스에서 서민주택L'habitation à bon marché, HBM이란 명칭이 저가임대주택habitations à loyer modéré, HLM으로 바뀐다. 이는 공공 사회주택 입주 대상이 거의 모든 계층임을 천명한 것이다.

**생산 시설 재건**  2차 세계대전이 끝나기 전부터 전국레지스탕스위원회에서 국가 재건 방안을 논의했다. 그러나 나름의 준비에도 종전 후의 재건 정책은 그리 엄밀하지 못했다. 국가 주도 경제계획을 제외하면 엄격하고 조직적이라기보다 얼기설기 즉흥적으로 조합한 듯한 계획이 난무했다. 구상 면에서 탁월한 국가 주도 경제계획도 일관성 있게 추진하지 못해 각 산업계의 요구만 난립했다. 가장 큰 문제는 장 모네Jean Monnet가 총괄한 1차 경제계획에 주택문제는 논의조차 되지 않았다는 점이다. 산업 생산 설비 재건에 중점에 둔 이 계획안도 일리는 있다. 주택을 지으려면 건설자재를 만들어야 하니까 말이다. 하지만 똑같이 전쟁에 시달린 다른 나라의 성과는 프랑스보다 월등했다. 1952년 프랑스는 1만 명 기준으로 주택 20채를 지었지만, 영국은 47채, 독일은 99채를 공급했다.

### 대규모 주택 사업의 걸림돌

전후 프랑스에서 '현대적' 도시계획 출현을 방해한 요인은 적극적인 주택정책의 부재 외에 세 가지가 더 있다. 그 기저에는 프랑스 사회의 역사와 이념, 문화가 깔려 있다.

첫째, 1920~1930년대에 재건되지 못한 프랑스 주택은 2차 세계대전을 겪으면서 극도로 황폐했다. 파괴된 주택의 잔해 철거뿐만 아니라 노후화한 서민주택 단지 재개발도 빠르게 진행할 수 없었다. 당시 석공, 미장고, 배관공 같은 건설 인력도 대부분 1918년 이후 프랑스에 유입된 이민자 출신이었다. 그들은 거의 가족 단위 영세 업체로, 작업할 때 삽과 사다리, 외바퀴 수레를 이용했다. 이런 영세 업체가 약 25만 개에 건설 인력은 50만 명이고, 업체 평균 직원 수는 2명이었다.

둘째, 프랑스에는 19세기 말에 불붙은 집단주택과 개인 주택의 장단점 논쟁에서 개인 주택파가 많았다. 당시 르코르뷔지에가 정초한 〈아테네헌장〉에 따라 집단주택을 지지하는 건축가가 늘었다. 프랑스의 주택난을 해결하려면 공동주택에서 구현할 수 있는 건축의 규격화, 합리화가 필요하다는 의견이었다. 이들은 개인 주택 위주의 도시설계가 미국식 도시화, 즉 한 도시의 반지름이 수 km 이상 넓어져 결국 근방의 녹지와 숲, 농지를 전부 잡아먹는다는 사실도 잘 알았다. 집단주택 옹호자의 주장은 프랑스 사회의 주류 이념뿐만 아니라 개인 주택을 원하는 전쟁 피해자의 거센 욕구와 충돌했다. 여기에서 생겨난 정치적 망설임과 반대 탓에 당시 수많은 사람이 간절히 원하던 주택정책을 빠르게 추진할 수 없었다.

셋째, 몇몇 선구적 건축가의 목소리도 종전 후 정치적 의사 결정에 충분히 반영되지 못했다. 보수적인 에콜데보자르의 건축 교육은 물론, 건축가를 창조적인 기획자가 아니라 주문에 따라 작업하는 장인쯤으로 여기던 전통 탓에 당시 프랑스는 대규모 주택단지 건설을 위한 도시계획적·건축적·사회학적·정치적 과제를 슬기롭게 해결할 수 없었다.

종전 후 프랑스의 거의 유일한 부동산 정책은 1946년 10월 법안에 명시된 재건 프로그램인데, 그 조치는 모든 면에서 미흡했다. 1945~1951년에 건설한 주택 20만 채 가운데 서민주택은 1만 1600채에 불과했다. 몇 가지 수치가 당시 주택난을 잘 말해준다. 1954년 인구총조사에 따르면, 국민 36%가 과밀 상태 주택에 살았다. 1956년 국가재건도시계획부 통계를 보면 당시 프랑스 주택 가운데 42%는 수도 시설이 없었고, 73%는 실내 화장실이, 90%는 샤워나 욕조 시설이 없었다. 이런 처참한 실태와 날이 갈수록 심해지는 주택난 앞에서 곧 여론과 언론, 가톨릭교회가 비판의 목소리를 내기 시작했다.


## 2. 건설공법의 현대화

### 부끄러운 프랑스의 주택난

1954년 1월 4일 새벽, 파리 빈민가에서 한 갓난아이가 추위에 사망했다. 1월 31일에는 한 여성이 파리의 인도에서 사망했다. 그리고 몇 시간 뒤, 민중공화당MRP 소속 하원 의원(1945～1951년 뫼르트에모젤Meurthe-et- Moselle 지역구) 아베 피에르Abbé Pierre 신부가 라디오에서 이 비극적 사건을 문제 삼으며 노숙자와 주거 빈민을 위한 연대를 촉구했다. 이 호소는 프랑스 각계각층에 진지한 반향을 불러일으켰다. 주택난을 해결하기 위한 직접행동, 구호 활동, 대정부 질문, 거리 시위 등이 이어졌고 언론이 가세해 이슈를 공론화했다. 그 후 몇 달간 사람들은 쉴 새 없이 주택난을 이야기했고, 프랑스의 주거 조건을 다룬 통계와 연구가 쏟아졌다. 1957년 4월, 〈르몽드Le Monde〉 는 '주택 : 우리의 수치Logement: notre honte'라는 특집 기사를 내보냈다. 한 기사에서 질베르 마티유Gilbert Mathieu는 집이 없거나 과밀 주택에 사는 수천 가족의 이야기를 다음과 같이 규탄한다.

"현재 프랑스에서 약 50만 세대가 집이 없다. 그래서 허름한 호텔이나 가구 딸린 단칸방에서 종종 아이들과 산다. 서민 가구 약 1400만 세대는 과밀 주택에 산다. 갈 데가 없어 오소리 굴 같은 빈민 주택 45만 채에 기어 든 주민은 어찌할 것인가? 종전 후 태어난 수백만 명의 미래도 문제다. 10년 뒤면 그들도 가정을 꾸릴 보금자리 를 원할 것이다. 지금 우리는 이 위기를 헤쳐 나갈 능력 이 없고 앞으로도 해결은 점점 요원해 보인다."

여론의 결집[3]과 언론의 포화 앞에서 국가는 풀지 못한 주택난의 심각성을 인정할 수밖에 없었다. 그리고 주거 단지 건설을 위한 특별예산 편성, 대출 제도 시행, 개성 적이고 내구성 있는 공동주택 건설을 위한 건축 공모 등 상황을 타개할 긴급 조치를 시행했다. 당시 몇 해 동안 프랑스 정부는 소극적이긴 해도 주택난 해결을 모색했 는데, 그중 두 가지만 살펴보자.

정부는 1947년부터 주택산업 부흥과 건설 공정 현대 화를 위해 건축가, 공학자, 경영자로 구성된 학제 간 전 문가 그룹에 연구를 의뢰했다. 규격화된 콘크리트와 철 골구조가 건설 기간과 비용 절감에 얼마나 효과적인지 시험하기 위해서다. 이 새로운 건축 공법(합리화와 규격 화)이 적용된 두 가지 주거 계획이 있다. 하나는 1949년 파리 서부 교외 불로뉴비양쿠르Boulogne-Billancourt에 지은 주택 200채, 다른 하나는 1951년 스트라스부르Strasbourg에 지은 주택 800채다. 두 사업 모두 지금은 대형 주택 건 설에서 일반화된 '크레인의 길'이라 불리는 건설 공정을

---

3    당시 일부 프랑스인은 '비버'처럼 직접 집 짓기에 나섰다. 임대할 주택도,
     주택 구입 자금도 없는 '비버들'은 토지와 건축자재를 조달하기 위해 모든
     대출 제도를 활용했다. 이런 자발적 연대로 프랑스 여러 도시에서 주택 수
     천 채를 지었다.

활용했다. 크레인이 건축자재를 운반할 수직 철로를 설치하고 건물을 한 층씩 쌓는 기법으로, 자재 운반이 수월해 건설 기간이 단축되고 생산성도 매우 높다.

1953년, 국가재건도시계획부 피에르 쿠랑Pierre Courant 장관이 주도해 국가와 주택 건설업자의 권한을 대폭 확대했다. 쿠랑 정책은 일단 사업 목표, 즉 지어야 할 주택 숫자를 1년에 24만 채로 못 박았다. 이 수치를 채우려면 현대적 건축 공법을 활용해 대규모 사업을 추진하는 게 유리했다.[4] 각 지자체에 필요한 경우 '주거지역 조성을 위한 토지수용' 권한을 부여했고, 직원이 10명 이상인 사업체는 의무적으로 직원 급여 1%를 근로자 주택 조성에 투자하게 했다. 국가는 보조금과 대출 제도를 통해 서민의 주택 취득을 장려했다.

쿠랑 계획은 대형 주거 단지 조성을 목표로 한 선구적 정책이다. 그러나 실제 정부가 세부 조항에 따라 연간 건설 목표량을 달성한 것은 1950년대 말이 돼서다.[5]

---

4    당시 지은 공동주택의 예는 1955년 파리 교외 사르셀(Sarcelles, 95지구)의 대규모 주거 단지가 있다.

5    J.-P. Flamand, *op. cit.*

## 우선적도시화추진지구 지정

피에르 신부가 호소하고 5년이 지나서도 프랑스의 주택난은 심각했고, 특히 서민층의 상황이 열악했다. 서서히 생겨나던 저가임대주택(1950년 7500채, 1958년 8만 5000채) 입주자는 당시만 해도 기업 경영자나 전문직, 중간 간부급이었다.[6] 1958년, 프랑스 5공화국의 주택 부족량은 여전히 약 400만 채에 달했다. 그러다 내각이 개편되면서 도시계획과 주택정책에도 변화가 일었다. 국가재건도시계획부의 새 장관 피에르 쉬드로Pierre Sudreau는 1958년 12월 31일, '도시계획, 저가임대주택, 주택난'이라는 제목으로 여러 시행령을 공표했다. 골자는 도시재개발 계획 외에 사회주택 단지가 들어설 우선적도시화추진지구zone à urbaniser en priorité, ZUP(이하 '우선 개발 지구') 지정이다. 이 지구의 도시계획 사업은 최소 500채가 넘는 사회주택 건설을 포함해야 하며, 각 건물의 배치와 공사 일정, 공사 중단 같은 권한은 도지사에게 부여한다. 그러면 단기간 공사로 모든 공용 시설을 갖춘 새 주거 지구를 조성할 수 있다. 공정 현대화로 건설 생산성을 높이고, 각 지자체에 유리한 선매권 제도를 활용해

---

6    G. Mathieu, *Peut-on loger les Français?*, Seuil, 1966.

토지 취득도 수월하게 했다. 밋밋한 '베드타운' 분위기를 줄이기 위해 주거·산업·상업 구역과 공공시설을 조화롭게 배치하고자 했다.

대규모 개발 사업을 의무화한 이 조치로 프랑스 도시 공간에 혁신적 변화가 일어났다. 오늘날 '대규모 복합 단지'라 불리는 도시 지구가 출현한 것이다. 그렇게 1950년대 말부터 도시화와 근대화의 새로운 상징인 아파트형 주거 타워가 들어선, 직각으로 구획된 위성도시가 속속 생겨난다. 다음은 건축가 베르나르 제르퓌Bernard Zehrfuss가 낭시의 오드리에브르Haut-du-Lièvre에 설계한 지구에 대한 설명이다.

"오드리에브르는 사실상 낭시의 위성도시로, 우리는 낭시의 고전주의적 공간 배치를 고려해 지구를 설계했다. 스타니슬라스Stanislas 광장, 카리에르Carrière 광장, 페피니에르Pépinière 정원, 레오폴드Léopold 정원을 떠받치는 낭시의 두 수직축을 오드리에브르에 그대로 가져왔다. 질서와 전통의 도시 낭시 옆에 화려한 바로크식 위성도시를 조성할 순 없는 법이다."[7]

그렇게 195개 우선 개발 지구가 조성되고 주택 220만

---

7    In *Dossier bilan DSQ,* mairie de Nancy, 1985 (multigr.).

채(대부분 저가임대주택)를 지었는데, 몇몇 빛나는 성과
는 다음과 같다. 400m 파사드를 갖춘 낭시 오드리에브
르 지구, 주택 4000채가 있는 라쿠르뇌브La Courneuve 지구,
인구 2만 5000명인 메스Metz 시 교외 보르니Borny 지구는
당시 누구나 탐내는 주택이었다. 그러나 예정된 공용 시
설이 들어서지 않거나, 주거상 불편(소음, 개인 취향을
살릴 수 없는 공간)이 잇따르면서 '대규모 복합 단지'에
대한 국민적 열광은 곧 식어버렸다. 지역별로 다양한 비
판이 쏟아지자, 프랑스 의회는 1967년 12월 30일 토지법
을 개정해 '조화로운개발추진지구zone d'amenagement concerte,
ZAC 조성'이라는 도시계획 방향을 제시했다. 1970년대부
터 도시계획의 새 목표는 '국가, 지자체, 개발 업자, 땅
임자가 긴밀한 협조를 통해 주택 공급뿐민 아니라 다양
한 건설 사업을 추진'[8]하는 일이 됐다. 이로써 기능주의
적 도시계획에서 등을 돌린 셈인데, 도시적 삶이나 건축
설계에서 '뒤섞임'이 중시됐기 때문이다. 그 결과 사람
들은 대규모 공동주택에 흥미를 잃었고, 개인 주택 건설
붐이 시작됐다.

---

8    Y. Prats, "Zone à urbaniser en priorité", in P. Merlin, F. Choay, *Dictionnaire
de l'urbanisme et de l'aménagement*, Puf, 1988.; rééd. "Quadrige", 2005.

1965~1968년 설문 조사에 따르면 당시 프랑스 국민 80%는 공동주택보다 개인 주택을 선호했다. 1960년대 말, 주택 예산 문제로 골머리를 앓던 정부는 이 결과에 반색했다. 그리고 프랑스 국민의 열망에 부응하겠다며 대대적인 개인 주택 건설 사업을 추진했다. '샬랑동 계획chalandonnettes'[9]이라 불린 이 사업은 예산 부족이나 부정부패 등 잡음도 많았지만, 시간이 가면서 큰 성공을 거뒀다. 1968년에는 신축 주택 중 39%가 개인 주택이었지만, 10년 뒤 63%, 1984년 68%에 달했고, 그 후에 개인 주택 신축률이 감소했다.[10]

## 대규모 복합 단지 : 근대화의 상징에서 한물간 유행으로

복합 단지 조성 붐은 두 가지 정치·도시계획 논리에서 태어났다. 첫째, 〈아테네헌장〉에 기초한 기능주의, 즉 복합 단지야말로 주거 기능에 최적이라는 관점이 1950년대 중반부터 프랑스 도시계획과 개발상의 철칙이 됐다. 둘째, 복합 단지 건설 이면에는 경제 논리가 도사리고 있었다. 주택을 빠르고 저렴하게 대규모로 지으려

---

9   당시 도시계획부 장관 알뱅 샬랑동(Albin Chalandon)의 이름을 딴 것이다.

10  C. Taffin, "L'accession à tout prix", *Économie et Statistique*, 102, 1987, et H. Raymond *et alii*, *L'Habitat pavillonnaire*, L'Harmattan, 2001.

면 제한된 공간에 한꺼번에 짓는 게 나았다. 그러면 크레인이나 시멘트 업체, 콘크리트 공장 등 설비 업체의 수익도 극대화할 수 있었다. 불과 15년 사이에 열렬한 환호를 받던 복합 단지는 돌이킬 수 없는 애물단지로 전락했다.

모더니티의 상징과 사교성의 산실  1950년대 말부터 1960년대 내내, 저가임대주택 복합 단지 거주는 일종의 지위 상승이었다. 노동자, 급여 생활자, 중개업자, 소수 고위 간부, 커리어를 막 시작한 전문직 등 다양한 프랑스인이 중앙난방, 수돗물, 욕실, 개별 실내 화장실, 엘리베이터 등 '모든 편의'를 갖춘 복합 단지에 살고 싶어 했다. 종전 후 낡은 옛 주택의 기억이 생생했기 때문에 사람들은 더욱 복합 단지에 만족했다.

복합 단지는 당시 모더니티의 상징이자 도시 발전의 표지였기에, 정치적 노선과 무관하게 모든 지자체가 복합 단지 건설에 뛰어들었다. 르코르뷔지에의 패러다임에 경도된 1960년대 건축가의 야심은 개별 복합 단지를 '빛나는 도시', 즉 지역사회의 여러 사회계층을 뒤섞어 궁극적으로 사회 통합에 이바지하는 공간으로 만드는 것이었다. 따라서 복합 단지는 현대인의 새로운 사교성이 주조되는 실험실이 돼야 했다.

**매력의 퇴색**  종전 후 경제 부흥기에는 저가임대주택이 만병통치약인 듯 보였다. 그러나 얼마 안 가 복합 단지의 주거 현실이 초기의 이상과 거리가 멀다는 사실이 밝혀졌다. 프랑스 사회주택 연구자는 그 실망과 환멸의 이유로 다음을 꼽는다.

첫째, 복합 단지는 주로 도시 변두리나 외딴곳에 있다. 도시적 활력이 부족하고, 문화생활을 누릴 수 없어 지리적·상징적으로 점점 주변화되거나 소외됐다.

둘째, 복합 단지는 심각한 주택난에 대응하려고 빠르게 효율 중심으로 건설된 주택이다. 건축적 아름다움이나 기술적 세련됨보다 양적 공급에 치중했기 때문에 입주민의 다양한 취향을 만족시킬 수 없었다. 사람들은 곧 불편을 호소하기 시작했다. 몇몇 공간은 이용하기 힘들었고(예를 들어 너무 좁은 부엌), 적용된 주거 패러다임도 빠르게 구식이 됐다. 방음과 단열이 형편없고, 건물도 빠르게 노후화했다.

셋째, 복합 단지 설계자는 계급적 단절이 사라진 공동체를 꿈꿨다. 1963년 정신분석학자 르네 카에Rene Kaës가 표현한 대로[11] 그들은 이 주거 단지를 '서민 문화의 지지

---

11  *Vivre dans les grands ensembles*, Éditions Ouvrières.

대, 새로운 사회의 출발점'으로 만들고자 했다. 당시에
는 사람들을 제한된 공간에 밀어 넣으면 사회적 유대가
증가한다고 생각했다. 그러나 몇몇 명민한 관찰자는 오
래전부터 그 반대 진실을 지적했다. 사회학자 막스 베
버Max Weber[12]는 20세기 초에 '물리적 거리가 가까우면(사
실은 너무 가깝기 때문에) 사회적 유대가 돈독해지기는
커녕, 오히려 서로 최대한 거리를 유지하려는 경향성이
나타난다'고 썼다. 비슷한 관점에서 사회학자 로버트 파
크Robert Ezra Park[13]는 어떤 문화권도 균질적이지 않으므로
한 도시인과 그 옆 거주민은 고전적 의미의 '이웃'이 아
니라고 말한다. 사회학자 이브 그라프메이어Yves Grafmeyer
와 이작 조제프Isaac Joseph[14] 역시 복합 단지의 주거 조건
에서는 '물리적 가까움이 사회계층 간 거리를 줄인다고
볼 수 없고, 오히려 작은 마을 공동체의 소소한 갈등과
차원이 다른 다양한 갈등과 긴장 속에서 계층 간 갈등
이 오히려 악화할 수 있다'고 지적한다. 사교적 습관(사
회성)이 다른 사회집단이 모여 살 경우, 단시간에 친해

---

12  *Économie et Societé*, I, Plon, 1971.

13  "La ville comme laboratoire social(1929)", in Y. Grafmeyer, I. Joseph, *L'École de Chicago. Naissance de l'écologie urbaine,* Flammarion, 2004.

14  *Ibid.*

지는 자체가 힘들었다. 사회학자 장클로드 샹보르동Jean-Claude Chamboredon과 마들렌 르메르Madeleine Lemaire[15]도 '공간적 가까움'이 사회적 친목의 촉매제가 된다는 생각은 환상일 뿐이라고 말한다. 실제로 복합 단지에서는 예상치 못한 온갖 갈등이 터져 나왔고, 유사한 집단(예를 들어 자격증을 가진 노동자와 일용직 노동자) 사이에도 깊은 골이 파이곤 했다. 아무도 예상치 못했지만 결국 시간이 흐르자 프랑스의 최빈곤층이 복합 단지의 주 거주민으로 남았다. 빈곤층에게 그곳은 평생 눌러앉을 수 있는 '종착지'였다. 반면 갓 상경해 신분 상승을 꾀하던 중산층에게는 거쳐 가는 장소일 뿐이었다. 그들은 얼마 안 가 도심과 가까운 주거지나 개인 주택으로 떠났다.

주택 시장의 구조적 재편에 따른 인구 이동으로 도시 변두리에 있는 사회주택 지구는 점점 고립·배제됐다. 시간이 갈수록 저가임대주택 재원 조달과 분양 방식이 다양해지면서 복합 단지는 더 차별받았다. 1975년부터 시작된 경제 위기도 복합 단지의 가치 하락과 입주민의 반목을 부추겼다. 종전 입주민은 떠나고 싶어도 자원이

---

15 "Proximité spatiale et distance sociale. Les grands ensembles et leur peuplement", *Revue française de sociologie,* vol. XI, 1970.

없어 복합 단지에 남았다. 반면 새로 도착한 입주민(이민자나 프랑스인)은 앞 세대보다 훨씬 큰 경제적 불안정에 시달렸다. 사회적으로 뒤처진 종전 세입자 집단(주로 프랑스인)과 더 나은 미래를 기대할 수 없어진 이민자 집단의 동거는 극도로 긴장되고 어려웠다. 전자는 후자를 볼 때마다 자신들의 깨져버린 신분 상승의 꿈을 재확인했기 때문이다.

초기에 복합 단지는 대다수 프랑스인이 입주하길 원한 진보와 모더니티의 상징이었지만, 얼마 안 가 치욕과 오명을 뒤집어썼다. 지나치게 거대한 주거동, 인구 과밀, 건물의 빠른 낙후, 밋밋한 공간 구성 등이 입주 기피와 배척의 주원인이었다. 복합 단지가 부적응 집단의 소굴이며 열악한 주거지라는 평판이 자자해지자, 빈 건물이 늘어났다. 몇몇 서민주택국은 심각한 재정난에 시달렸다. 1970년대 중반 이후, 국가는 사회주택의 부정적 이미지를 일신하고 서민층 주택 공급이라는 원래 목표에 충실한 새로운 사회주택 정책을 마련해야 했다.

# 6

## 서민층의
## 생계 불안정과 사회주택

# 1. 경제 위기와 주택정책

프랑스는 1950년대 초반 극심한 주택난에 시달렸다. 그러나 20여 년이 지난 1970년대에는 양과 질 모든 면에서 주택의 현대화가 이뤄졌다. 거의 모든 주택에 수돗물이 공급됐고, 약 75% 주택은 온수와 욕실, 실내 화장실을 갖췄다. 프랑스 인구의 약 9%가 거주하는 4.8% 주택은 여전히 '과밀' 상태였지만, 1970년대 프랑스의 주택 상황은 다른 서유럽 국가에 크게 뒤지지 않았다. 1970년대 초에는 파리 지역의 골칫덩이던 마지막 빈민촌 낭테르Nanterre 슬럼가가 사라졌다. 주택 부족 현상도 훨씬 완화됐는데, 1951~1972년에 약 700만 채(특히 1972년에는 54만 6300채)를 신축했다. 신축한 주택은 개인 주택, 공동주택, 공공 주택, 사립 주택 등으로 다양했고, 그중 210만 채는 저가임대주택(75%는 임대용, 25%는 취득용)이었다. 유럽 다른 국가보다 훨씬 오래 진행된 국가 사업이지만, 짧은 기간에 집중적으로 주택을 건설했다. 무엇보다 1965~1974년에는 사회주택을 해마다 16만 채(그중 임대주택은 13만 채)나 지었다.

1970년대 중반의 몇몇 연구에 따르면, 이런 양적 성장에도 모든 프랑스인의 주택 상황이 좋지는 않았다. 두

재무감독관이 총괄한 노후 주택 실태 조사 보고서(〈Le rapport Nora-Eveno 노라-에베노 보고서〉〔1975〕)를 보면 프랑스인 약 1500만 명이 여전히 열악한 주택에 살았다. 주택 수백만 채는 인구 과밀과 햇빛 부족에 시달렸고, 실내 화장실이나 샤워·욕조 설비가 없었다.

프랑스주택사회조합장 로베르 리옹Robert Lion의 보고서 〈Un habitat de qualité 훌륭한 주택〉(1975)에 따르면, 당시 대다수 프랑스인은 공동 주거 단지를 혐오했다. 사회주택이든 아니든 모두 '저가임대주택'으로 여겼고, 대형 주거 타워나 아파트식 주거 단지에 대한 기피도 심했다. 이 보고서는 정부의 공식 통계가 개별 주택의 질을 알려주진 않는다고 지적한다. 예를 들어 위생학적 기준에 따르면 저가임대주택의 주거 편의성이 전통 가옥보다 뛰어나지만, 실제로 방음과 단열, 방수, 조악한 경관, 공용 시설 관리, 공간이 주는 운치와 건축적 아름다움 등 여러 면에서 주거의 질이 훨씬 나쁘다.

각 부처가 합동으로 작성한 〈Le rapport du Plan sur les politiques urbaines 도시 정책 계획 보고서〉(1975)는 사회주택 지구가 15년도 안 돼 건물 노후, 사회적 빈곤, 문화생활 부재에 시달리고 있음을 보여준다. 그리고 대도시 외곽에 있는 이 복합 단지식 사회주택 지구의 재개발 방안을 서둘러 마련해야 한다고 지적한다. 문제는 오래

된 사회주택뿐만 아니었다. 〈노라-에베노 보고서〉에 따르면 '최근에 지은 고층 사회주택 단지도 문제다. 그중 일부는 빠르게 낡았고, 때로는 신축 단지조차 세입자가 없어 비둘기 떼나 붐비고 있다. 너무 불결해서 세입자가 떠나고, 입주를 원하는 사람도 없다'.[1]

　끝으로 〈Le rapport Barre바르 보고서〉(1976)에 따르면, 주택 공급을 위한 건설 보조금은 국가 예산에 큰 부담이 됐고 최빈곤층에 실질적 도움이 되지 못했다. 보고서는 개인 단위 주거 보조금이 재정 부담도 덜고, 세대별 소득수준 변화에 유동적으로 대응할 수 있다고 제안한다. 현시점에 사회주택의 자리는 어디인지(여전히 우선권을 줘야 하는지), 향후 서민주택국의 역할은 어떻게 설정할지(서민주택국은 빈곤층의 주택 공급만 담당하는 '전문의'로 남아야 할까, 모든 주택문제를 담당하는 '일반의'가 돼야 하는가?) 묻는다. 보고서는 이런 문제 제기 끝에 몇몇 대대적 제도 개혁을 제안하는데, 그중 두 가지는 사회주택과 관련이 있다. 바로 주택 재정 정책 개혁과 '주거지와 사회생활법' 신설이다.

---

1　F. Aballéa, "De la crise du logement à la crise de l'habitat", *Recherche sociale,* octobre-décembre 1978.; J. Barou, *op. cit*에서 재인용.

## 건설 보조금에서 개인 보조금으로[2]

1975년부터 경제 불황의 여파가 두드러졌다. 집값과 물가 상승, 세대별 구매력과 부채 상환 능력은 물론 주택 거래도 현저히 줄었다. 정부가 취할 수 있는 조치는 두 가지다. 첫째, 노동자 임금 인상을 통해 주택 임차인이나 구매자의 지불 능력을 높이면 된다. 이는 기업과 자본가에게 손해다. 둘째, 사회주택 건설비 감면을 통해 서민주택국을 지원할 수 있다. 이 역시 부동산 개발 업자와 은행의 이익을 건드리는 문제다.

이런 딜레마 앞에서 정부는 다른 길을 택했다. 개인의 지불 능력을 높이기 위해 개별 임차인과 주택 구매 희망자에게 주거 보조금을 주는 방안이다. 각자의 소득수준에 맞는 주거 보조금을 주면 개인이 주택 시장에서 나름대로 '선전'할 거라는 논리다. 이 계획은 1977년 1월 3일, 당시 프랑스 총리 레몽 바르Raymond Barre가 발의한 '바르 법loi Barre'으로 구체화한다. 이 중요한 법안은 프랑스 주거 정책 방향을 '건물에 대한 지원'에서 '사람에 대

---

2   Les données chiffrées de cette partie sont extraites de : Domo Quintet, *op. cit.; Le Moniteur,* n° 4829, 14 juin 1996, et n° 4881, 13 juin 1997.; C. Garin, "La réforme des aides personnelles au logement inquiète l'Union des HLM", *Le Monde,* 27 août 1996.

한 지원'으로 바꿨다. 국가 예산을 사회주택 건설이 아니라 개별 가구의 지불 능력 향상에 활용하겠다고 천명한 것이다. 이렇게 개인별 주거 보조금aide personnalisee au logement, APL 제도가 신설돼 국가가 집세 일부를 매달 지원하거나, 주택 구입 대출금 상환금 일부를 매달 보조했다. 1948년 마련된 주거 지원금l'allocation logement, AL 제도를 대체하게 된 개인별 주거 보조금 지급 기준은 가구 소득, 가구별 공과금, 거주하는 주택의 상태 등 여러 가지다. 이 제도에서는 임대차계약 시 임대인도 국가와 9년씩(갱신 가능) 계약했는데, 임대료 상한선을 설정해 신고해야 했다. 서민주택국은 1988년 1월부터 주택 편의성 요건에 미달한 주택을 지정·관리했다. 그곳 입주민은 1급 주거 보조금APL 1보다 못한 2급 주거 보조금APL 2 혜택을 받았다.

국가는 두 가지 이유를 들어 새로운 주거 지원 체계를 이해시켰다. 첫째, 지난 20년간 사회주택을 꾸준히 건설해 공급했다. 둘째, 경제 불황 탓에 국가 예산을 주택보다 다른 산업 분야에 투자할 필요가 생겼다. 부동산 시장을 개혁하기보다 주택 가격(구입이나 임대)은 시장 논리에 맡겨두고, 개별 보조금으로 개인이 충분한 경쟁력을 갖추게 하겠다는 논리다. 그러나 개별 가구의 지불 능력에 초점을 맞춘 이 정책도 시간이 가면서 여러 가지

원치 않는 결과를 낳았다.

첫째, 일시적 지원을 목표로 마련된 주거 보조금은 특정 계층의 빈곤화와 지급불능 상태가 심화하면서 장기 지원 제도가 돼버렸다. 보조금 수급자도 1986년 160만 명에서 1995년 270만 명으로 늘어, 국가 예산에 큰 부담이 됐다. 개인별 주거 보조금에 지출한 예산도 1982년 470만 프랑에서 1996년 3600만 프랑으로 늘어났다.[3] 주거 보조금 수급자 증가와 국가 예산 확대도 주택문제의 근본적 해결책이 되진 못했다. 바르 법은 주택 임대료 상승과 새로운 계층 단절 현상을 불러왔다. 종전 사회주택 입주민 가운데 가구 소득이 보조금 수급 자격보다 높은 가정은 집세가 오른 사회주택을 떠나 도심지 공동주택이나 교외 개인 주택으로 이사했다. 주택 구입 시 세금 감면과 개별 보조금도 결국 가구 소득이 높은 가정에 유리하게 작용했다. 가구 소득이 불안정한 가정이 주거

---

3  현재 프랑스에서는 600만 가구 이상이 주거 보조금 혜택을 받는데, 그중 190만 가구는 사회임대주택 입주민이다. 이를 통해 개별 가구는 주택 임대료와 주택 대출 상환금 일부(부담금 포함)를 지원받을 수 있다. 여기에서 설명한 개인별 주거 보조금(2004년 수급자는 260만 명) 외에 개인별 주거 지원금이 두 가지 더 있다. 하나는 사회적 주거 보조금(allocation de logement à caractère social, ALS)이고, 다른 하나는 가족 주거 보조금 (allocation de logement à caractère familial, ALF)이다. 2004년 프랑스 정부는 이 세 보조금에 국가 예산 136억 유로를 지출했다.

보조금에 지나치게 의존하면 오히려 생계가 위태로워졌다. 가정 상황이나 직장이 바뀔 때마다 빚이 산더미처럼 불어났기 때문이다.*

둘째, 경제 불황 속에 국가가 경기회복에 힘쓰느라 건설업에서 손을 뗀 후, 주택산업(특히 저가임대주택 공급)이 급감했다. 프랑스는 1977년 43만 채가 넘는 주택을 지었는데 1983년에는 33만 3000채, 1990년에는 25만 6000채를 지었다. 저가임대주택은 각각 9만 채, 5만 채, 6만 채를 건설했다. 1990∼1997년에는 해마다 27만 채를 지었는데, 개인 주택이 대부분이었다. 저가임대주택 건설은 현저히 감소해 1996년에는 총 신축 주택의 17%(4만 8000채)에 불과했고, 52%가 개인 주택이었다. 당시 프랑스인은 내 집 마련, 특히 개인 빌라 소유에 열광했다. 1990년 초, 프랑스의 총 2100만 세대 중 약 56%(1170만 세대)가 단독주택 소유주였다(1954년에는 전체 인구의 35%, 1980년에는 50%였다). 즉 1975∼1990년 수많은 프랑스 가정이 개인 빌라 소유주가 됐다. 그

---

* 프랑스에서 주거 보조금 혜택을 받으려면 보통 적법한 신분(학업이나 직장 등)과 주거지, 가족 상황 등을 증명해야 한다. 가정 상황이 불안정한 가구는 수급 자격 박탈 혹은 보류로 보조금 지급이 중단되거나 종전에 받은 보조금마저 토해내야 한다. 그래서 개별 가구의 채무가 증가한다는 의미다.

결과 대도시 근처 읍면 지역에 단독주택과 연립주택
이 우후죽순 들어섰다. 1982년과 1990년에 실시한 인
구총조사가 이런 시골−도시화 과정을 잘 보여준다. 지
난 수십 년간 인구가 감소한 대도시 변두리 읍면 인구가
1975~1990년에 200만 명가량 증가한 것이다.

개인별 주거 보조금이 제도화하자, 경기 불황 속 생계
불안정에 시달리던 소외 계층이 사회주택 단지로 몰려
들기 시작했다. 입주민의 빈곤화와 몇몇 사회주택 단지
의 노후화가 심해졌다. 정부는 다시 1970년대 중반부터
'취약 지구'라 불리며 기피하던 사회주택 지구에 '새로
광택을 입히기' 위한 도시 재생과 지구 재개발, 경제 활
성화 정책을 펴야 했다.

### 사회주택의 명예 회복과 도시 불균형 해소를 위한 법

30년 전부터 '취약 지구'는 다양한 공공 정책의 표적
이었다.[4] 추진한 사업만 훑어봐도 주거지와 사회생활 개
선 사업habitat et vie sociale, HVS(1977년), 취약 지구 사회개발
사업développement social des quartiers, DSQ(1981년), 도시적 사회

---

4   J.-M. Stébé, *La Médiation dans les banlieues sensibles*, Puf, 2005 ; F. Tourette,
    *Développement social urbain et Politique de la ville*, Paris, Gualino, 2005 참조.

개발 사업développpement social urbain, DSU(1988년), 도시 계약 사업(1993년) 등이 있다. 1980년대 후반부터 뭉뚱그려 '도시 정책'이라 불린 이런 사업의 기본 원칙은 '긍정적 차별'이다. 즉 '우선 지구'를 선별 구획해서 해당 지구의 사회·경제·건축 수준에 알맞은 정책을 시행하고, 적절히 예산을 배분한다는 계획이다. 이 도시 지구 분류 체계에 따라 지정된 취약 지구는 시간이 갈수록 늘어났다. 처음에 50개던 사회주택 지구가 752개 취약 지구ZUS가 됐고, 현재 '도시 정책' 시스템에서는 1500개 우선 관리 지구QPV로 늘었다. 그중 1300개가 대도시 주거 밀집 지역에 있다.

1980년대부터 사회주택 지구를 위한 '도시 정책'의 초점은 도시 재정비(주택 편의성과 미관 개선)에서 사회적 활력 부여(교육 프로그램 개발, 문화시설 조성)로 이동했다. 최근에는 경제적 활성화와 고용 창출로 향하고 있다(지구 내 기업의 세금 감면, 서비스직 일자리 신설, 사회적 중재 전문가 초빙 등). 2014년 2월 21일 발효한 '도시와 도시 불균형 해소를 위한 법'에 따라, 2019년 기준 현재의 '도시 정책'은 도시 재개발과 경제 활성화, '지속 가능한 도시' 만들기를 겨냥하고 있다.

## 2. 사회주택 : 모든 이를 위한 권리

### 사회주택 입주민의 변화와 분양 규칙

서민주택국은 출범 때부터 당대의 사회적·경제적·정치적·문화적 상황에 맞는 분양 정책을 짜야 했다. 약 1세기 전에는 공장노동자를 입주시켰고, 종전 후 경제부흥기('영광스런 30년')에는 주로 중산층을 맞아들였다. 오늘날에는 마지못해 경제적·사회적으로 매우 빈곤한 가구를 받아들이고 있다.

1894년 발효한 지그프리드 법은 서민주택 수혜자가 '자기 집이 없으며, 임금노동으로 생계를 꾸리는 노동자나 근로자여야 한다'고 명시했다. 이는 대부분 2차 산업에 종사하는 노동자였다. 35년이 지나서는 3차 산업이 점점 1차 산업을 잠식하며 확장했다. 1928년 루쉐르 법은 이런 사회변동 속에 서민주택을 새로운 계층에 개방했다. 그렇게 두 가지 주택 유형이 신설되는데, 저가 임대형 서민주택HBM à loyer moyen과 개량형 서민주택HBM améliorées이다.

1950~1960년대 서민주택국은 집 없는 시민 수백만 명에게 하루빨리 주택을 공급해야 했다. 그래서 모든 사회계층의 문제이던 주택난을 해소하기 위해 규격화한 '현대적' 주거 단지를 건설했다. 당시에는 이 단지가 일

종의 사회적 진보를 상징해서 중산층에게 주목받았다. 서민주택국은 저소득층뿐만 아니라 상대적으로 윤택한 가구의 요구에 맞게 새로운 유형의 주택도 선보였다. 그렇지만 이 20년 동안 극빈층은 사회주택을 이용할 수 없었다. 사회주택에 입주하려면 일정 수준 이상 가구 소득을 증명해야 했고, 신용장이나 보증인, 보증금이 필요했기 때문이다.

1970년대 말부터 경제 불황으로 실직자, 해고자, 빈민, 노숙자 집단이 늘어났다. 개별 행정 당국의 압력 아래 사회주택 임대인은 분양 정책을 수정할 수밖에 없었다. 특정 지자체는 한 부모 가정, 이민자 가족, 난민 등 우선 입주 대상을 지정하기도 했다. 현재 프랑스의 사회주택국과 개별 지자체장은 분양 규칙과 의무 조항이 있어도 입주자를 가려서 받기 위해 애쓴다. 그 입주 메커니즘은 '과학적'이지만, 다소 독단적인 구석도 있다. 지금 프랑스 사회에서는 탈脫중심화나 계층 간 뒤섞임(사회적 융합) 정책이 중시된다. 그렇게 '용인 한계'라는 개념이 등장했다. 예를 들어 한 도시 지구에 이민자 비율이 특정 한계(수치)를 넘어서면 해당 지구의 사회적 역동성이 침해받는다는 논리다. 그래서 현재 '도시 정책'에서는 사회주택 지구 내 주거 집단의 구성 비율을 신경 쓴다. '부담스런' 가구는 사회주택 지구에서 쫓아내거나 분산하며, 소득이 불안정한 가구는 기피하거나 더 확실한 소득 증명을 요구한다. 입주민을 받기보다 건물을 비워두기도 한다.

### 사회주택에서 '배제'된 이들을 위한 입법

사회주택 입주자 선별과 배제, 계층 간 단절을 심화하는 경제 불황 탓에 정부가 다시 나서야 했다. 주택부 장관 루이 베송Louis Besson은 1990년 5월 31일, 모든 이들을 위한 주거권을 천명한 '프랑스 민족을 위한 연대 의무'라는 법안을 통과시킨다. 사회주택에서 '배제된' 집단을 끌어안기 위한 새로운 정책을 담은 법안으로, 사회주택 분양을 지역 차원의 광범위한 합의에 따라 처리할 것을 제안했다. 저소득층에 공급되는 주택을 늘리기 위한 조치(빈곤층을 위한 지자체별 주택 공급 계획과 종전 사회주택 단지의 점유에 관한 결의서)와 함께 연대 주택 기금 Fonds solidarite logement, FSL 설립도 규정했다. 저소득층에 지원금을 지급해 사회주택 입주를 돕고, 그들이 임대료를 내지 못하면 대출금이나 보조금을 제공해 사회주택에 계속 거주할 수 있도록 하기 위해서다. 이 기금은 저소득층이 특정 도시 지구에 정착하거나 다른 주택에 입주할 때도 지원금을 지급해 공공 차원의 사회적 동행(보장)을 책임졌다.

베송 법안은 사회주택 입주자 배제 현상을 완화하고, 이해 당사자들의 협조를 촉진하고자 했다. 도지사급 지자체장이 사회주택에 우선 입주 집단도 지정할 수 있게 했다. 그러나 이 모든 노력도 개별 사회주택국이나 지자체에서 암암리에 이뤄지던 입주자 선별과 배제를 근절하지 못했다.

그럼에도 1996년, 전국사회주택국연맹Union nationale des fédérations d'organismes HLM, UNFOHML[5]은 사회주택 제도가 창설된 이래 지금처럼 그 운용이 '사회적 연대'를 중시한 적은 없었다고 지적했다. 가족의 붕괴, 노동 불안정성의 증가, 경제 불황의 여파 속에 사회주택에 거주하는 저소득층 숫자가 크게 늘었기 때문이다. 예를 들어 1973년에는 사회주택 입주 가구 41%의 가구 소득이 프랑스 평균보다 낮았다. 그러나 이 수치는 1978년 48%, 1984년 59%, 1988년 63%로 증가했다.[6]

---

5   Les HLM améliorent les procedures d'attribution, *La Gazette,* novembre 1996.

6   M. Amzallag, G. Horenfeld, HLM: de plus en plus de ménages modestes, *Données sociales,* "La société française", INSEE, 1993.

## 3. 21세기의 사회주택

### 새로운 분양 방식

1980년대까지 저소득 임금노동자 가정만 사회주택을 구매할 수 있었다. 지금은 프랑스 국적자나 합법적 외국인, 경제적·법적 여건상 일반 주택 구매가 어려운 모든 사람이 사회주택을 분양받을 수 있다. 현재 우선 분양 대상은 다음 다섯 부류다.

1. 열악한 주택 거주자나 저소득계층
2. 장애인
3. 제삼자의 주거지에 임시로 유숙한 사람
4. 오랜 실직 후 새로 취직한 열악한 주택 거주자
5. 가정 폭력 피해자

2007년 3월 사회적 연대 원칙에 근거해 대안적 주거권을 천명한 달로DALO 법이 발효되면서 노숙자, 아이들과 사는 여성 가장, 저소득 노동자, 열악한 주거 생활자처럼 큰 어려움을 겪는 개인이 주택 취득 시 국가가 의무적으로 보증을 서게 됐다. 2012년 1월 1일부터 달로법 적용 범위가 사회주택 입주 자격이 있는 모든 개인으로 확대됐다. 또 사회주택 우선 입주 대상으로 지정된 사람은 사회주택국이 의무적으로 입주시켜야 했다. 이런 내용은 사회주택국이 늘 국가정책에 따라 움직였으며, 정부의 명령에 따라 입주민 구성 비율, 사회적 연대나 시민으로서 책임, 특정 주택법 등을 준수해야 했음을 보여준다.

### 통계로 보는 사회주택 현황[7]

2004~2007년 프랑스의 민간·공공 영역에서 신축 주택은 꾸준히 증가했다. 2004년 36만 채, 2005년 41만 채, 2006년 42만 채, 2007년 43만 5000채를 지었다. 2008년부터 미세한 정체가 시작돼 2008년 40만 191채, 2010년 41만 3600채, 2012년 38만 3000채, 2014년 33만 3800채, 2016년 36만 8000채, 2018년 41만 5000채를 신축했다.[8] 하지만 수년 전부터 프랑스 주택부 장관이 약속한 '연간 50만 채 신축'이라는 목표와 거리가 있는 수치다.

최근에는 사회주택 신축도 상대적으로 정체했다. 2009년 8만 1000채, 2011년 7만 7000채, 2013년 7만

7  여기 제시한 수치는 다음 웹사이트를 참조했다. http://www.senat.fr; http://www.logement.gouv.fr; http://www.vie-publique.fr

8  France entière, sans Mayotte; sources: *L'État du mal-logement en France. 24e rapport annuel (2019)* de la Fondation Abbé Pierre pour le logement des défavorisés.

5000채, 2015년 8만 5000채, 2017년 7만 8200채가 분양됐다. 2016년에 분양된 '실질적' 사회주택(사회 통합 지원 임대주택이나 사회적 용도의 임대주택 유형)[9]은 6만 8000채(이 수치에는 철거 후 재건축한 국가 도시 재정비 사업 대상 주택은 포함되지 않았다)로, 그해 프랑스 내 총 신축 주택 36만 8000채의 19%다. 2016년 프랑스 주택부는 임대료가 조금 비싼 사회적 임대주택도 1만 7000채를 분양했다. 여기에는 경제적 계산이 있는데, 일반 사회주택보다 사회적 임대주택 건설이 재정 부담이 덜하기 때문이다. 사회적 임대주택 사업은 국가 재정 적자에 그대로 추가되는 국가 예산이 아니라, 비과세 국고 수입에서 자금을 조달한다는 이점도 있다.

사회주택 사업은 국가 주도 건설 사업에서 상당한 비중을 차지하며, 도시계획과 인구정책에도 매우 중요하다. 2018년 1월 1일 기준으로 프랑스 대도시에 있는 총 주택 3540만 채[10] 가운데 480만 채가 사회주택[11]이며, 약

---

9   *infra* 참조.

10   프랑스 국립통계경제연구소(INSEE) 자료에 따르면 이 가운데 2900만 채는 실제 거주자가 있고, 340만 채는 임시 주거지나 보조 주택이며, 약 300만 채는 비어 있다.

11   더 정확히 말하면 프랑스 사회주택국은 현재 대도시 지역에 임대주택 450만 채, 주거용(취득용) 주택 30만 채를 보유하고 있다.

1100만 명이 그곳에 거주한다. 한편 지난 10여 년간 사회주택 공실률은 2009년 2.4%에서 2018년 3%로 조금 상승했다. 2005년부터 사회주택으로 이사하는 입주민 비율도 큰 변동이 없었는데, 예를 들어 2017년에는 약 10% 주택에 새로운 입주민이 이사했다(여기에 그해 신축 분양된 사회주택 수치는 포함되지 않았다).

보통 프랑스에서 사회주택 단지라고 하면 교외의 아파트형 주거 타워를 상상한다. 그러나 실제 사회주택 가운데 18%가 그런 형태일 뿐이고, 모두 교외에 있지도 않다. 수도권Île de France만 봐도 2017년 총 사회주택의 19%가 파리 교외인 센에마른에, 20.5%가 파리 시에 있다. 지방도 마찬가지다. 예를 들어 멘에루아르Maine-et-Loire 지방의 수도 앙제Angers를 보면 사회주택 3만 채 가운데 77%인 2만 3000채가 앙제 시에 있다. 사회주택은 시골에도 있다. 현재 프랑스의 사회주택 480만 채 중에서 7%인 33만 5000채가 시골 지역에 있다.

프랑스주택사회조합의 통계는 오늘날 프랑스의 도시에 있는 사회주택 형태를 알려준다. 이 가운데 72%는 대규모 복합 단지가 아니라 연립주택이나 개인 빌라형이다. 특히 지난 10년간 신축된 사회주택 95%가 개인 빌라형이다.

## 사회주택 구매와 취득

프랑스에서는 1965년부터 사회주택 판매가 허가됐다. 사회주택 거래는 1990년까지 활발하지 않았으며, 거의 개인 빌라형 주택만 연평균 2200채 정도 거래됐다. 사회주택 연간 거래량은 1990년대에 3800채로 늘었고, 이 중 25%는 공동 주거 단지 내 주택이었다. 2000년대에는 4500채가 거래됐고, 이 가운데 35%가 공동 주거 단지에 있었다. 지난 10년 전부터 주택 가격 고정제를 완화한 국민주택법Engagement national pour le logement, ENL에 따라 사회주택 거래량이 다시 증가했다. 최근 몇 년간 해마다 7000~9000채가 판매되고 있다.

그러나 해마다 사회주택의 1%(4만 6000채) 이상을 판매하겠다는 정부의 계획은 아직 실현이 요원해 보인다. 현재 실제 거주자나 기타 개인, 사회주택 임대인에게 판매되는 물량이 목표량의 절반인 0.5%에 불과하다. 주택 취득에 필요한 재정 능력 유무는 문제 삼지 않는다고 해도 거래 실적은 저조하다. 어떤 가정에서 향후 자산 가치를 보장할 수 없는 사회주택을 대출까지 받아서 사려하겠는가.

연간 사회주택 거래율이 저조한 또 다른 원인은 사회적연대와도시재생법에서는 한번 팔린 사회주택이 개별 지자체의 '사회임대주택' 목록에 포함되지 않기 때문이다.[12] 사회주택 쿼터제에 따라 개별 지자체가 의무적으로 보유해야 할 사회주택 숫자가 줄기 때문에, 지자체장은 사회주택 판매를 꺼렸다. 한편 프랑스 현행법상 사회주택 소유주는 다음과 같은 경우에 사회주택을 판매할 수 없다.

1. 10년 안에 신축된 주택(현재 100만 채 이상)
2. 2013년 1월 18일 발효한 뒤플로 법에 따라 지역 내 총 주택의 25%를 사회주택으로 채우지 못한 지자체의 사회주택(약 100만 채)

연간 사회주택 거래량을 4만 채로 규정한 법안을 제정하는 것을 비롯해 주택부 장관과 입법부의 압력에도 사회주택국은 여전히 사회주택 판매에 시큰둥하다. 일부 단체나 지자체는 여유 있는 임차인에게 세를 주면 상당한 수익을 낼 수 있는 자산의 노른자 부위를 헐값에 처분한다는 데 반발하기도 한다. 사회주택 임대인에 따르

---

12  2018년 11월 23일 발효한 '주택의 소유권 이전과 정비, 정보화 법안'은 이 문제를 개정했는데, 그 후로는 한번 판매된 사회주택이라도 향후 10년간 개별 지자체에 의무적으로 할당된 사회주택 수치(사회적연대와도시재생법)에 포함할 수 있다.

면, "좋은 세입자가 좋은 집주인은 아니다". 파리 동부의 소도시 몽페르메유Montfermeil(93지구) 전원 지역의 몇몇 사회주택에서 그랬듯이, 새로 집주인이 된 가정이 관리비나 공과금을 제때 내지 않아 건물 전체가 아무렇게나 방치된 사례가 있기 때문이다.

그 외 사회주택 판매에 반대하는 이들은 주거 단지 일부를 민간 투자자에 판매하면, 사회주택의 취지와 달리 몇 년 안에 부동산 투기가 올 수도 있다고 경고한다.

---

### 프랑스의 사회주택 관리 단체

현재(2019년 기준) 프랑스 정부는 사회주택 관리 단체 재편을 계획 중이다. 지금은 2018년에 발효한 엘랑 법la loi Elan에 따라 최소 1만 2000채 이상을 관리하는 단체만 공식 인정한다. 이 법은 사회주택 입주자의 회전율을 높이기 위해 사회주택분양위원회에서 6년마다 종전 입주자의 서류를 재심사하라고 요구한다. 프랑스주택사회조합[13](전신은 1929년 설립된 전국서민주택연맹)에 따르면, 현재 프랑스의 사회주택 관리 단체는 694개로, 직원 약 8만

---

13  http://www.union-habitat.org

2000명(75%는 지역 고용 인력)과 행정 자원봉사자 1만 2000명을 두고 있다. 이들은 전부 비영리단체로 대개 개별 지자체에 소속된 공공 부서지만, 일부는 민간 협회나 협동조합 형태를 띤다. 프랑스토지은행 산하 694개 단체는 다음과 같다.

- 사회주택공공사무소Offices publics de l'habitat, OPH : 253개
- 주택사회적기업Entreprises sociales pour l'habitat, ESH : 220개
- 서민임대주택협동조합Sociétés coopératives d'HLM, Coop'HLM : 165개
- 서민주택취득을위한협동조합Sociétés anonymes coopératives d'intérêt collectif pour l'accession à la propriété, SACICAP : 56개

이중 사회주택공공사무소가 보유한 임대주택이 230만 채로 프랑스 전체 사회주택의 48%에 달한다. 여기에 약 200만 가구, 약 500만 명이 입주했다. 주택사회적기업은 사회주택 220만 채를 보유하며, 입주민 약 450만 명을 관리한다. 2018년 기준 프랑스 총 사회주택(480만 채) 대부분을 사회주택공공사무소와 주택사회적기업이 관리하며, 나머지 두 단체가 극소수 물량을 책임진다.

### 사회주택 단지의 빈곤화와 고립 : 게토화의 위험성

1980년대 말부터 몇몇 사회과학자[14]는 프랑스 대도시에서 진행되는 공간적 파편화, 즉 도시 지구별 양극화현상을 포착했다. 한편으로 도심지에 위치하며 부자들이 조성 · 거주하는 부유한 지구가 있다. 다른 한편으로 대부분 교외에 위치하며 사회적 · 경제적으로 점점 소외되는 빈민 지구가 있다. 도시정책우선지구통합관리국 ONPV,[15] 프랑스 국립통계경제연구소INSEE, 프랑스주택사회조합의 통계도 점점 뚜렷해지는 도시적 양극화, 특히 사회주택 지구의 고립과 배척 경향을 분명히 보여준다. 프랑스 사회주택의 변천사를 다룬 이 책의 결론 역시 같다. 미국 대도시 흑인 지구의 게토화와 직접 비교할 순 없지만, 현재 프랑스 일부 사회주택 지구(특히 우선 관리 지구)[16]의 게토화는 부인할 수 없는 사실이다.

1990년대 초반, 장마리 들라뤼Jean-Marie Delarue 보고서[17]

---

14  M. Mansuy, M. Marpsat, "La division sociale de l'espace dans les grandes villes françaises", in *La Ségrégation sociale dans la ville,* Paris, L'Harmattan, 1994.; N. Tabart, "Espace et classes sociales", *Données sociales, "La société française",* INSEE, 1987.

15  L'Observatoire national de la politique de la ville: https://www.cget.gouv.fr

16  현재 프랑스 사회주택 단지 가운데 31%는 우선 관리 지구에 있다.

17  *Banlieues en difficultés : la relégation,* Paris, Syros-Alternatives, 1991.

# 프랑스 사회주택의 유형

개인별 주거 보조금 중심의 현 프랑스 사회주택 제도에서 사회주택 관리 단체에 제공하는 사회주택 건설용 대출 혜택과 보조금에 따라 사회주택을 세 가지로 나눌 수 있다.

- 사회적 용도의 임대주택Prêt locatif à usage social, PLUS : 보통법상 사회주택으로 흔히 사회주택이라 하면 이 범주를 말한다. 프랑스 내 68% 가정이 입주할 수 있다.
- 사회 통합 지원 임대주택Prêt locatif aidé d'intégration, PLAI : 사회적 용도의 임대주택보다 저소득계층을 위한 주택. 경제적으로 크게 불안정한 개인에게 우선 제공한다. 프랑스 내 32% 가정이 입주할 수 있다.
- 사회적 임대주택Prêt locatif social, PLS : 중산층을 대상으로 하는 주택. 프랑스 내 82% 가정이 입주할 수 있다.

이 외에 네 번째 유형을 두기도 한다.

- 중간형 임대주택Prêt locatif intermédiaire, PLI : 사회적 임대주택 입주민보다 가구 소득이 높은 중산층을 대상으로 한다. 중간형 임대주택 건설에는 위의 세 유형과 동등한 국가보조금을 제공하지 않으며, 2000년 12월 13일 법안(사회적연대와도시재생법) 이후 사회주택으로 분류되지 않는다.

는 사회주택 지구의 고립과 기피 현상을 언급한다. 경제 위기 후 프랑스 사회에 일반화된 경쟁 원리와 국가 간 무역 경쟁은 사회주택 거주민의 취업률과 취업 인구 구조에 큰 타격을 줬다. 일자리 숫자도 줄고, 해당 지구의 노동자와 급여 생활자가 대규모 실직을 당했다. 이런 경제적 타격은 해당 주민의 건강, 교육, 사회생활 등 일상생활 전반에 부정적 영향을 미쳤다.

과거에 취약 지구, 현재는 도시정책 우선 관리 지구라 불리는 이 지구들의 사회적·경제적 부진은 여전하다. 도시정책우선지구통합관리국이 작성한 2018년 보고서는 해당 지구 주민의 사회적 취약성을 여러 각도에서 조망한다. 대다수 주민이 젊은 층으로 인구의 약 25%는 15세 미만, 17%는 60세 이상이다. 그러나 거주민의 노령화가 진행돼 60세 이상 주민이 1990년 11.9%에서 2010년 15.5%로 증가했다.

무엇보다 이 지구들은 비참한 생활 조건과 사회적 낙인 속에 신음하고 있다. 프랑스 대도시의 타 지구(14.3%)와 달리, 해당 지구 주민 42.6%가 프랑스 평균 가구 소득의 60%(월 1009유로, 한화 약 135만 원)로 생활한다. 해당 지구에는 저소득층 생계 보조금Revenu de solidarité active, RSA 수급자도 다른 지역(13.6%)보다 약 2배 많다(27.1%). 빈민층이 이 지구에만 거주하진 않지만,

프랑스 빈민의 76%가 해당 지구와 그 인근에 산다.

2017년 해당 지구의 실업률은 다른 지역보다 2.5배 가량 높다(24.6% 대 9.2%). 30세 이상 노동인구 실업률은 하향 추세지만, 젊은 층의 취업률은 여전히 저조하다. 2017년 기준 30세 이하 청년의 실업률은 지난해보다 1.5% 상승한 35.8%, 사회적 비활동 집단[18]의 비율은 지난해보다 0.5% 상승한 29.5%다. 사회적 비활동 인구는 대부분 여성이다. 국제노동사무국 조사에 따르면 해당 지구에서 15~64세 여성의 취업률은 50.6%(타 지구 68.6%), 취업 여성의 72.7%(타 지구 42%)가 단순노동자다.

학업 성취도에서도 격차가 드러난다. 해당 지구 고등학생의 대학 진학을 위한 일반 고교 과정 진학률은 29.3%로 타 지구(39.7%)보다 낮다.

2018년 기준 해당 지구 가구의 75%(타 지구 20% 이하)가 사회주택에 거주하며, 주택 역시 인근 지구보다 낡고 과밀한 상태다. 대다수 가구는 국가 주거 보조금

---

18 학생도 직장인도 연수생도 아닌 집단(Not in Education, Employment or Training, NEET). 사회적 비활동 집단을 가리키는 이 분류법은 영국에서 처음 고안해 일본, 프랑스, 중국 등 여러 나라로 퍼졌다. 여기에서 '비활동'이란 프랑스 국립통계경제연구소가 말하는 비노동을 뜻하지 않는다.

## 지켜지지 않는 사회적연대와도시재생법의 사회주택 정책

3년마다 그랬듯이 2014년 가을, 프랑스 전역의 도지사들은 해당 도의 지자체가 사회적연대와도시재생법에서 규정한 사회주택 건설 의무를 충실히 이행했는지 점검했다. 2002년 1월 1일 발효한 사회적연대와도시재생법의 골자는 각 지자체가 20년 안에 의무적으로 지역 내 주택 20%를 사회주택으로 건설하라는 규정이다. 뒤플로 법에 따라 2013년부터 수도권 지역은 인구 1500명 이상, 지방은 인구 3500명 이상인 지자체가 지역 내 주택 25%를 사회주택으로 채워야 한다. 뒤플로 법은 사회주택 할당량을 채우지 못한 지자체에 대한 강화된 제재안도 포함한다.

2014년 공개된 도 단위 사업 결과는 실망스럽지만, 전보다 나아졌다. 사회적연대와도시재생법을 적용받는 지자체는 꾸준히 증가했지만(2005년 736개에서 2014년 1021개), 사회주택 할당량을 채우지 못한 지자체는 감소했다(2002~2004년 총 지자체의 51%, 2005~2007년 45%, 2008~2010년 37%, 2011~2013년 36%). 사회주택을 할당량 이상 건설한 지자체도 많아 고무적이었다. 그해 신축 사회주택 9만 채를 계획했는데 총 14만 채를 건설했기 때문이다.

사회적연대와도시재생법을 적용받는 1021개 지자체 가운데 369개는 할당량을 채우지 못했으며, 240개는 목표량의 절반도 건설하지 못했다.

 '모범생'에 비유할 수 있는 몇몇 적극적인 지자체가 있다. 툴루즈는 사회주택 건설 할당량의 194%, 파리는 266%, 리옹은 133%, 칸은 160%, 툴롱Toulon은 174%를 달성했다. 예전에 소극적이던 지자체도 상당한 성과를 보였는데, 랭시Raincy(93지구)는 할당량의 106%, 쉐네 Chesnay(78지구)는 185%, 페르Perreux(94지구)는 126%를 지었다.

 반면 지자체가 재정 지원을 했는데도 건설량은 현저히 미달한 240개 '문제아'가 있다. 리옹 서북부 샤르보니에르레방Charbonnières-les-Bains, 알프마리팀Alpes-Maritimes 지역의 카네Cannet, 수도권의 베지네Vésinet와 생모르데포세Saint-Maur-des-Fossés 시가 그 예다.

 '모범생'과 '문제아' 사이에 '가능성을 보여주는' 지자체도 있다. 애는 쓰지만 목표량은 채우지 못한 지역으로, 수도권의 뇌이쉬르셴 지역은 목표량 719채 가운데 약 60%인 428채를 달성했다.

 사회적연대와도시재생법은 일정한 규모의 개별 지자체가 의무적으로 사회주택을 건설하게 했지만, 프랑스 전역의 균형 있는 사회주택 조성은 아직 요원한 과제다. 사회주택이 밀집한 지자체가 이를 계속 조성하는 사례가 많기 때문이다.

수혜자로, 가구 소득의 상당 비율을 주거비(집세)에 지출한다. 해당 지구 주민 25%(타 지구 13%)가 생계 불안정을 느낀다.

프랑스 국립통계경제연구소와 프랑스주택사회조합, 도시정책우선지구통합관리국의 자료를 보면, 1990년대 내내 심화한 사회주택 지구와 타 지구의 격차(가구 소득이나 취업률, 학업 성취도 등)는 21세기 초에도 여전하다. 굳어진 도시 지구 간 장벽이 도시 공간의 파편화를 낳았고, 그 과정에서 사회주택 지구의 게토화가 나타났다. 게토화 현상의 짝패는 '폐쇄된 커뮤니티', 즉 폐쇄적인 부유한 지구의 형성과 구 도심지의 젠트리피케이션이다. 사회주택 지구의 고립과 교외의 팽창, 도심지의 부르주아화는 '도시 공간의 사회적 변별화',[19] 즉 도시에서 진행 중인 사회적 · 공간적 단절의 지표다. 도시사회학자 자크 동즐로Jacques Donzelot에 따르면,[20] 여기에서 '도시의 사회적 양극화' 과정을 관찰할 수 있다. 몇 년 전만해도 도시 내 신분 상승의 희망이 존재했다. 그러나 지

19  R. Epstein, T. Kirszbaum, "L'enjeu de la mixite sociale dans les politiques urbaines", *Regards sur l'actualité,* 292, 2003.

20  "La ville à trois vitesses: relégation, périurbanisation, gentrification", *Esprit,* 303, 2004.

금은 '세 개 엔진으로 굴러가는 도시'가 나타났다. 첫 번째는 사회주택 지구의 기피와 낙인, 두 번째는 취약 지구나 우선 관리 지구의 '낙오자들'과 거리를 두려는 중산층의 교외 지구 정착, 세 번째는 평범한 중산층과 거리를 두려는 성공한 엘리트 집단에 따른 구 도심지의 젠트리피케이션 현상이다.

'게토'라는 용어 사용은 신중할 필요가 있지만(경제학자 에릭 모린Eric Maurin은 《Le Ghetto français프랑스의 게토》[21]에서 프랑스 도시 공간의 파편화 과정을 설명하기 위해 게토라는 단어를 서슴없이 사용한다), 전혀 부적절한 것만도 아니다. 앞에 제시한 통계를 보면 현재 프랑스에는 분명 게토라 불릴 만한 지역이 있다. 특히 가구 구성원의 직업이나 구매력, 학업 성취도 등이 그 냉정한 지표다.

결론적으로 사회주택 입주자가 대부분 극빈층인 오늘날 프랑스에서 사회주택의 명예 회복은 요원하다는 사회학자 자크 바로[22]의 언급을 기억하자. 현재 프랑스의

---

21 É. Maurin, *Le Ghetto français,* Seuil, 2004.

22 "HLM, le risque d'une homogénéisation par le bas", *Informations sociales,* 123, 2005.

몇몇 도시 공간은 도시 정책 우선 관리 지구로 지정됐든 아니든, 뚜렷한 게토화 과정을 겪고 있다. 그 이면에는 도시 지구 간 장벽이 점점 높아지는 더 총체적인 도시 파편화 과정이 자리한다.

**결론**

게토화에 맞서서 :
프랑스 사회주택의 새로운 과제

오랫동안 서민주택은 프랑스 정치계의 관심사가 아니었다. 자유주의경제 신봉자들은 주택문제를 국가가 아니라 민간에서 다뤄야 한다고 봤다. 그래서 수십 년간 부르주아 계층을 대표해온 프랑스 의회(상·하원 의원)는 개인의 자발적 의욕을 마비시킬 수 있으므로 국가의 주거 문제 개입을 최소화해야 한다고 주장했다. 그들에 따르면, 현대 국가는 결코 노동자 계층의 주택문제에 직접 개입해선 안 된다. 민간 계획을 지원할 순 있어도 이를 대체할 순 없으며, 공권력이 온갖 특혜를 짊어지고 자유경쟁 시장에 뛰어들어선 안 된다는 논리다.

서민주택에 최초로 관심을 가진 이들은 17~18세기 전환기에 활동한 몇몇 깨어 있는 사상가(생시몽, 푸리에)다. 이들은 사회적 진보의 원리를 믿었으며, 더 조화로운 사회를 위해 투쟁했다. 그 후 에밀 졸라Émile Zola나 빅토르 위고Victor Hugo 같은 작가, 카베나 프루동 같은 전투적 사회주의자들이 산업혁명에 따른 노동자 계층의 비참한 삶을 소리높여 고발했다.

박애주의와 온정주의적 몇몇 기업가(오두앵 돌퓌 Audouin Dollfus, 메니에, 고댕)가 그 비판에 호응해 최초의 노동자 주거 단지를 건설했다. 우여곡절 끝에 프랑스 정부도 '공화파' 정치인의 압력으로 1894년부터 사회주택 문제에 개입했다. 그 후 프랑스 사회주택은 느리게, 종종 체계 없이 조성되기 시작해서 상당한 성과를 거뒀다.

현재 프랑스 전역의 694개 사회주택국은 480만 채가 넘는 사회임대주택을 관리하며, 분양용 사회주택을 150만 채 이상 건설했다. 청년 노동자와 고령층, 이민자 전용 주택도 지었는데, 그 관리는 특화된 단체에서 담당한다. 600만 채가 넘는 주택을 관리하는 사회주택국은 프랑스 주택산업과 주택정책에서도 중요한 기관이다. 그러나 이 기관들은 몇 해 전부터 재정 악화와 도시 양극화, 입주민의 생계 불안정성 증가 등 다양한 문제에 직면했다. 특히 자본주의적 세계화와 경제 불황에 따른 입주민의 생계 불안정은 사회주택국의 큰 근심거리다.

여러 연구 보고서는 현 사회주택 거주민은 점점 더 빈

곤해지고, 동시에 점점 더 많은 저소득 가구가 입주를 희망하리라고 본다. 이제 남은 질문은 저소득층 주택 공급이라는 사회적 임무, 사회적 연대와 뒤섞임, 효율적 재정 관리라는 목표를 어떻게 조화시키느냐일 것이다. 즉 사회주택국은 극빈층에 양질의 주택을 제공함과 동시에, 현대 도시의 새로운 시대적 요구에 훌륭히 부응할 수 있을까? 무엇보다 여러 사회주택 지구를 도시적 활력과 에너지에서 소외하는 '게토화 과정'에 제동을 걸 수 있을까? 이것이 오늘날 사회주택 정책·운영 기관이 직면한 과제다.

# 참고 문헌

Amzallag M., Taffin C., *Le Logement social*, Issy-les-Moulineaux, LGDJ, 2010.

Butler R., Noisette P., *Le Logement social en France, 1815-1981*, Paris, La Découverte, 1983.

Chamboredon J.-C., Lemaire M., "Proximité spatiale et distance sociale. Les grands ensembles et leur peuplement", *Revue française de sociologie*, 1970, vol. XI.

Damon J. (dir.), *Vivre en ville*, Paris, Puf, 2008.

Donzelot J., "La ville à trois vitesses : relégation, périurbanisation, gentrification", *Esprit*, 103, 2004.

Driant J.-C., *Les Politiques du logement en France*, Paris, La Documentation française, 2009.

Dufaux F., Fourcaut A., *Le Monde des grands ensembles*, Paris, Créaphis, 2004.

Dumont M.-J., *Le Logement social à Paris, 1850-1930 : les habitations à bon marché*, Paris, Mardaga, 1991.

Effosse S., "La construction immobilière en France, 1947-1977 : le logement social, un secteur prioritaire?", *Histoire et Sociétés*, n° 20, 2006.

Flamand J.-P., *Loger le peuple*, Paris, La Découverte, 2002.

Frouard H., *Du coron au HLM : patronat et logement social (1894-1953)*, Rennes, PUR, 2008.

Guerrand R.-H., *Les Origines du logement social en France : 1850-1914*, Paris, Éditions de La Villette, 2010.

Lagrange H., *L'Épreuve des inégalités*, Paris, Puf, 2006.

Lévy-Vroelant C., Tutin C. (dir.), *Le Logement social en Europe au début du xxie siècle. La révision générale*, Rennes, PUR, 2010.

Marchal H., Stébé J.-M., *La Ville au risque du ghetto*, Paris, Lavoisier, 2010.

\_\_\_\_\_, *Les Lieux des banlieues*, Paris, Le Cavalier Bleu, 2012.

Maury Y., *Les HLM. L'État providence vu d'en bas*, Paris, L'Harmattan, 2001.

Merlin P., *Les Grands Ensembles*, Paris, La Documentation française, 2010.

Paquot T. *et alii, La Ville et l'Urbain : l'état des savoirs*, Paris, La Découverte, 2000.

Quilliot R. *et alii, Cent ans d'habitat social. Une utopie réaliste*, Paris, Albin Michel, 1989.

Raymond H. *et alii, L'Habitat pavillonnaire*, Paris, L'Harmattan, 2001.

Segaud M. *et alii, Logement et habitat : l'état des savoirs*, Paris, La Découverte, 1998.

Stébé J.-M., Marchal H., *La Médiation dans les banlieues sensibles*, Paris, Puf, 2005.

\_\_\_\_\_, *La Crise des banlieues*, Paris, Puf, 2010.

Tellier T., *Le Temps des HLM, 1945-1975*, Paris, Autrement, 2007.

Topalov C., *Le Logement en France : histoire d'une marchandise impossible*, Paris, PFNSP, 1987.

Vanoni D., "De nouveaux enjeux pour le parc social : le logement HLM comme levier de promotion sociale", *Recherche sociale*, n$^o$ 167, 2003.

# 집 없는 서민의 주거권

1789년부터 현재까지
프랑스 사회주택의 역사

**펴낸날** 2022년 9월 2일 초판 1쇄

**지은이** 장-마르크 스테베(Jean-Marc Stébé)

**옮긴이** 강대훈

**만들어 펴낸이** 정우진 강진영 김지영

**꾸민이** Moon&Park(dacida@hanmail.net)

**펴낸곳** (04091) 서울 마포구 토정로 222 한국출판콘텐츠센터 420호 도서출판 황소걸음

**편집부** (02) 3272-8863

**영업부** (02) 3272-8865

**팩 스** (02) 717-7725

**이메일** bullsbook@hanmail.net / bullsbook@naver.com

**등 록** 제22-243호(2000년 9월 18일)

**ISBN** 979-11-86821-76-3 03330

**황소걸음**
Slow&Steady

정성을 다해 만든 책입니다. 읽고 주위에 권해주시길…
잘못된 책은 바꿔드립니다. 값은 뒤표지에 있습니다.